Hans-Arved Willberg
Die Wehen des Geistes

Hans-Arved Willberg

Die Wehen des Geistes

Das Leben von Alheide Siess

KomBi

Verlag für Kompetenz und Bildung

Bibliografische Information der Deutschen Nationalbibliothek:
Die Deutsche Nationalbibliothek verzeichnet diese Publikation in der
Deutschen Nationalbibliografie; detaillierte bibliografische Daten
sind im Internet über dnb.d-nb.de abrufbar.

ISBN 978-3-9818451-2-9

Bibelzitate aus: Ev. Kirche in Deutschland, Bund der Ev. Kirchen in der DDR (Hg.),
Die Bibel nach der Übersetzung Martin Luthers, rev. Fassung v. 1984,
Standardausgabe (Deutsche Bibelgesellschaft: Stuttgart, 1985)

Druck: Books on Demand GmbH, Norderstedt

Umschlaggestaltung und Layout: Atelier Friedemann Bruns, Karlsruhe

Titelfoto: © sakepaint, www.fotolia.de

Fotos im Innenteil: © Friedemann Bruns, © privat

KomBi
Verlag für Kompetenz und Bildung

der Life Consult SPS KG

Pforzheimer Straße 186, 76275 Ettlingen
USt.-Id.-Nr.: DE 271 905 296
Sitz der Gesellschaft: Karlsruhe; Amtsgericht Mannheim HRA 702993
Komplementär: Hans-Arved Willberg.

www.life-consult.org
Kontaktadresse: info@life-consult.org

Ettlingen, 2017

Inhalt

Vorwort   9

I. Verblendung   10

   Im Zwiespalt   12
   Endlich Arbeitsmaid   18
   Fast ein Soldat   22
   Der unterhaltsame Krieg   28
   Im Sog der Demagogen   33
   Angepasster Glaube   36
   Ernüchterung   42

II. Schmerz   51

   Der Riss   51
   Albrecht   60
   Einsamkeit   64
   Kassandra   72
   Verzagtheit   76

III. Erfüllung   81

   Hochgerissen und gehalten   81
   Wer sucht, soll finden   86
   Der Schatz im Acker   93
   Fernstenliebe   103
   Die Kerze leuchtet auf   108
   Die zweite Reise   111
   Fé y Esperanza   115

Nachwort   122

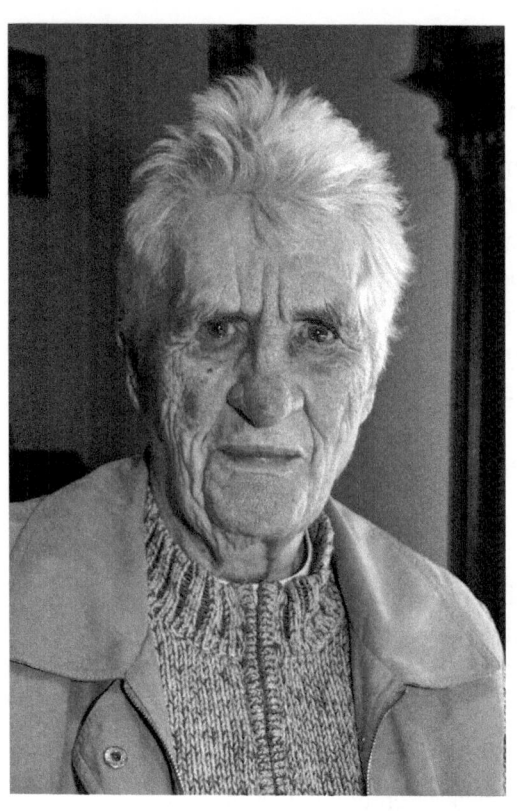

Ins Wasser fällt ein Stein,
ganz heimlich, still und leise;
und ist er noch so klein,
er zieht doch weite Kreise.
Wo Gottes große Liebe
in einen Menschen fällt,
da wirkt sie fort
in Tat und Wort
hinaus in uns're Welt.

Ein Funke, kaum zu seh'n,
entfacht doch helle Flammen;
und die im Dunkeln steh'n,
die ruft der Schein zusammen.
Wo Gottes große Liebe
in einem Menschen brennt,
da wird die Welt
vom Licht erhellt;
da bleibt nichts,
was uns trennt.

Nimm Gottes Liebe an.
Du brauchst dich nicht allein zu müh'n,
denn seine Liebe kann
in deinem Leben Kreise zieh'n.
Und füllt sie erst dein Leben,
und setzt sie dich in Brand,
gehst du hinaus,
teilst Liebe aus,
denn Gott füllt dir die Hand.

Manfred Siebald, 1973

Wehen

Es weht. Es tut mir weh.
Heimweh – und nach was?
Fernweh – und wohin?
Wehen einer Geburt, die auf mich zukommt?
Wehen eines Geistes, der mich meint?

Wenn aus Wehen Sturm wird –
kreißen auch Gedanken?
Wird auch Geist geboren?

Gefangener Du in unseren Gedanken,
der seine Wächter verwandelt
und seiner Beobachter spottet –

oh dass Du das Denken zerreißest
und führest heraus
und führtest, die wollen, zur Klarheit!

Vorwort

Das Wehen des Geistes und *die* Wehen des Geistes: dies beides kennzeichnet das Leben von Alheide Siess. *Das* Wehen erfuhr sie als Rückenwind und Aufwind: Stärkung, Ermutigung, Berufung, Erfüllung und Glück. *Die* Wehen erfuhr sie als den leidvollen Weg dorthin.

Echte Spiritualität zu leben ist wohl immer ein geburtsähnlicher Prozess durch schwere und schwerste Krisen hindurch, durch den wir zu uns selbst und in Gottes Nähe finden. Die Lebensgeschichte von Alheide Siess ist das authentische Zeugnis eines solchen Weges.

Ich kenne Alheide Siess seit 1990, als ich meinen Dienst als Klinikseelsorger in der Ev. Diakonissenanstalt Karlsruhe-Rüppurr antrat. Sie stand immer zur Verfügung, wenn wir Sitzwachen bei sterbenden Patienten benötigten, und es gab nie einen Zweifel an Ihrer Verlässlichkeit und Kompetenz. In den schweren Phasen ihres Älterwerdens bewährte und vertiefte sich das damals entstandene Vertrauen, indem sie mich immer wieder in Anspruch nahm, sie zu besuchen und zu begleiten. Ich glaube, dass ich sie dabei ziemlich gut kennengelernt und verstanden habe, was sie bewegt.

Unser gemeinsamer besonderer Dank gilt allen, die dafür gesorgt haben, dass ihre Tagebucheinträge und Briefe wohl geordnet und maschinengeschrieben oder als digitale Texte zur Verfügung standen. Besonders hervorzuheben sind dabei Tochter Gudrun und Friedemann Bruns, den ein langjähriges freundschaftliches Verhältnis mit Alheide Siess verbindet. Er hat viele ihrer Texte abgeschrieben und gesammelt und, weil dieses Buch ihm selbst sehr am Herzen lag, als professioneller Grafik-Designer ehrenamtlich Umschlag und Layout gestaltet.

Hans-Arved Willberg

9

I. Verblendung

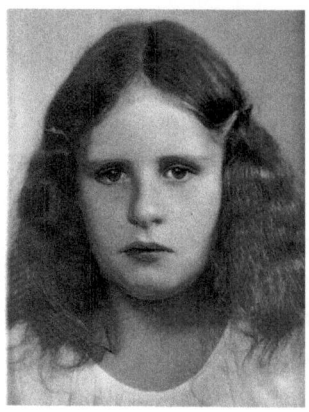

Alheide mit 12

Ihren eigenen Worten nach war Alheide, Zweitgeborene der angesehenen Adelsfamilie von Lüpke in Hannover, ein „Großbürgerkind, aufgewachsen in einer sehr behütenden, liebevollen, aber strengen evangelischen Familie." Das Mädchen wurde von den Erwachsenen als außergewöhnlich nachdenklicher wie auch sensibel ästhetisch und moralisch empfindender Mensch mit starkem Pflichtgefühl wahrgenommen. „Sie ist oft erstaunlich abwesend, weiß nichts mehr vom vorigen Jahr und behauptet auch die Damen kaum zu kennen", notiert ihre Tante Emm der Mutter, als die neunjährige Alheide zu Besuch ist. „Sie ist ja ein ganz eigenartiges Kind mit einer ungeheuren Spannweite", schreibt die Begleitperson im Report für die Eltern von der Insel Spiekeroog, wohin das Mädchen im Sommer desselben Jahres zur Kur geschickt worden ist, und fügt hinzu: „Sie problematisiert über Gott und die Welt". Das hat sie ihr ganzes Leben hindurch getan.

Im Konfirmandenunterricht brachte ihr der Pfarrer bei, dass die Lehre Jesu wohl nur eine unbedeutende jüdische Sekte geblieben wäre, wenn nicht die Ablehnung der Rabbiner, Jesus als den Messias anzuerkennen, zur Folge gehabt hätte, dass durch Paulus das Evangelium in alle Welt verbreitet wurde. „Warum haben wir denn dann so eine Wut auf die Juden?" fragte Alheide. „Müssten wir denen nicht eigentlich dankbar sein, weil wir Jesus durch sie kennengelernt haben?" „Alheide, solche Fragen stellst du besser nicht", antwortete der Pfarrer. Diese und ähnlich hilflose

Auskünfte erwachsener Bezugspersonen zeigten Wirkung.

Alheide war und blieb dem christlichen Glauben ihrer Eltern aufgeschlossen und ließ sich davon ansprechen und prägen. „Ich war doch so ein begeistertes BDM-Mädel und liebte Deutschland leidenschaftlich", sagt sie nach vielen Jahrzehnten im Rückblick auf ihre Pubertät. „Aber Jesus liebte ich auch. Dass der Nationale Sozialismus dem Evangelium widersprechen könnte, hatte ich noch nicht begriffen." Niemand klärte sie darüber auf, wie sich dieser Glaube zu den Lehren des Nationalsozialismus tatsächlich verhielt, dessen Propaganda bereits die gesamte Kultur und Bildung in Beschlag genommen hatte, als sie konfirmiert wurde. Das sollte schon bald lebensentscheidende Folgen für sie haben.

1933 hatte Hitlers NSDAP die Macht in Deutschland erlangt. Drei Jahre später wurden alle deutschen Mädchen verpflichtet, sich dem *Bund Deutscher Mädel* (BDM) anzuschließen, sofern sie als rassisch integer galten. Alle andere organisierte Mädchenarbeit wurde dem BDM zwangsweise eingefügt. Alheide war 14. Ihr Vater hatte seine Anstellung als Jurist in leitender Funktion bei der Evangelischen Landeskirche von Hannover verloren, weil der die „Deutschen Christen" ablehnte. Die Familie war darum von Hannover, wo Alheide als zweites Kind von vier Geschwistern aufgewachsen war, nach Arnsberg im Sauerland umgezogen, wo der Vater eine Stelle als Oberregierungsrat erhalten hatte.

Wie kann eine begeisterungsfähige Vierzehnjährige der Attraktivität einer propagandistisch perfekt inszenierten Gruppenbewegung von Teenagern widerstehen, die ganz auf der Höhe der Zeit zu sein scheint, die alten Zöpfe abschneidet und aufbricht zu den neuen Ufern der Weltveränderung, wenn ihr nicht ernsthaft und glaubwürdig deutlich gemacht wird, worum es sich in Wahrheit handelt und was sich mehr lohnt als diese verlockende Gemeinschaft? Es ist kaum vorstellbar, dass sie es durchschaut und sich aus eigenem Antrieb davon distanziert.

Im Zwiespalt

Alheides Eltern versuchten wie so viele in jener Zeit, mäßigenden Einfluss zu nehmen. Nach dem Abitur war es für Alheide selbstverständlich, sich gern und mit Hingabe im *Reichsarbeitsdienst* (RAD) zu engagieren, wozu sie das Regime ohnehin für das 19. Lebensjahr verpflichtete. Aber Alheide war erst 17. Die Eltern schickten sie nach *Obernkirchen*. Im dortigen Kloster hatte man schon vor 800 Jahren begonnen, jungen adeligen Damen eine christliche Erziehung zuteil werden zu lassen. Zu Beginn des 20. Jahrhunderts übernahmen die *Reifensteiner Schulen* einen Teil des Klosters, um dort dasselbe unter modernen Voraussetzungen fortzusetzen: Eine „wirtschaftliche Frauenschule" mit demokratischer Organisationsstruktur wurde eingerichtet.

Die *Reifensteiner Schulen* waren wenige Jahre zuvor von Ida von Kortzfleisch (1850–1915) gegründet worden. Durch diese Initiative für eine bessere Ausbildung leistete die ostpreußische Adelige einen wichtigen Beitrag zur *Frauenbewegung*. Viele Schülerinnen kamen aus Adelskreisen; auch dort erfuhren Frauen nämlich meist keine ebenbürtige berufliche Förderung. Die *Reifensteiner Schulen* waren konfessionell ungebunden, sie wurden aber in christlichem Geist geführt und pflegten engen Kontakt zur evangelischen Kirche. Nicht zuletzt darum entstanden Spannungen mit den nationalsozialistischen Machthabern. Mit der Zwangsverordnung von 1936 wurden auch diese Schulen Opfer der Gleichschaltung. Die Obernkirchener Vorsitzende wurde abgesetzt. Dennoch versuchten die verbleibenden Verantwortlichen, so gut wie möglich ihrer Linie treu zu bleiben, wenn auch unter sehr erschwerten Bedingungen.

Alheide war das Jahr 1940 über in Obernkirchen. Von den Spannungen scheint sie nicht viel mitbekommen zu haben. Die eskalierten, als sie nicht mehr dort war. Agnes Freiin von Dincklage (1882–1962), seit 1918 Leiterin der Schule, verweigerte 1942 der „gottgläubigen" Tochter eines SS-Mitglieds die Aufnahme. „Gottgläubig" bedeutete zu der Zeit, um der NS-Ideologie willen aus der Kirche ausgetreten zu sein. Von Dincklage wurde vorübergehend ihres Dienstes enthoben und die Einrichtung wurde beschlagnahmt. Gegen Ende des Krieges wurden noch Vorwürfe laut, man habe in Obernkirchen einen Pfarrer der *Bekennenden Kirche* zu Gottesdiensten eingeladen. Nach dem Ende des Naziregimes konnte die Arbeit wieder aufgenommen werden. Frau von Dincklage blieb bis 1949 Schulleiterin.

Agnes von Dincklage ist der „gute Geist" von Obernkirchen. Von den Schülerinnen wird sie liebevoll „Tante Lilly" genannt. „Tante Lilly lieben wir alle sehr", schreibt Alheide ihren Eltern. „Sie gibt keinen Unterricht, hält aber die Andachten. Wenn man was hat, kann man immer zu ihr gehen. Man kann sich mit ihr fein unterhalten."

Trotz des durchstrukturierten Tagesablaufs ist das Leben in Obernkirchen nicht allzu anstrengend für Alheide. „Man hat doch viel freie Zeit", stellt sie bald fest, „wenn man mittags nicht schreibt oder schläft. Ich laufe dann oft im Wald und in den Feldern herum." Der Unterricht langweilt sie, trotzdem sind ihre Leistungen gut. Wahrscheinlich ist ihr das intellektuelle Niveau zu niedrig, aber mehr noch treibt sie die Ungeduld: Sie möchte eine richtige Reichsarbeitsmaid sein! Es ist ihr wichtig zu betonen, dass sie diesen Weg aus eigenem Antrieb wählt. Als man sie in Obernkirchen benachrichtigt, dass sie vom RAD als Dienstpflichtige registriert wurde, ärgert sie sich: „Ich war doch in Arnsberg schon als *Freiwillige* erfasst." Diese Ehre soll ihr keiner nehmen.

Als der vorherige Obernkirchener Jahrgang verabschiedet wird, beneidet Alheide die Absolventinnen. „Ich wollte, ich wäre auch schon so weit! Vor dem Arbeitsdienst haben die die meiste Angst. Diese Gänse!"

Alheide hat ein starkes Verlangen nach Lesestoff und möchte unbedingt über das Welt- und Kriegsgeschehen informiert sein. Der Krieg macht ihr so wenig Angst wie der RAD. Sie ist fest vom gerechten Sieg Deutschlands überzeugt. Jetzt Soldat sein und kämpfen zu dürfen hält sie für eine große Ehre. Ihren Brüdern ist es vergönnt! Über die beginnenden Fliegerangriffe macht sie sich lustig.

Regelmäßig liest sie den *Hannoverschen Kurier*, aber das ist ihr nicht genug. Sie wünscht sich ein Abo der *Roten Erde* von den Eltern, das sie ihr verweigern. Diese Tageszeitung war das westfälische Parteiorgan der NSDAP. „Schade, dass ihr die 'Rote Erde' nicht für praktisch haltet", antwortet Alheide. „Was käme denn sonst wohl in Frage? Wie ist es eigentlich mit meiner Aufnahme in die Partei?"

Statt der *Roten Erde* schickt ihr die Mutter *Das Reich*, die weit verbreitete nationalsozialistische Wochenzeitung auf vergleichsweise höherem Niveau mit seriösem Anstrich. Das Blatt gefällt Alheide und sie wird es in Zukunft regelmäßig lesen. Ihr heißer Wunsch, Parteimitglied zu werden, geht vorerst nicht in Erfüllung, weil sie erst Ende des Jahres das Mindestalter erreicht und weil der Vater die Angelegenheit offenbar verschleppt. Ein halbes Jahr später weiß sie immer noch nicht, ob ihr Antrag bewilligt wurde. Alheide verliert allmählich die Geduld: „Kann sich Vati wohl mal beim Parteibüro erkundigen, ob ich aufgenommen bin?!" Aufhalten kann er es nicht. Immerhin lässt er sie seine Missbilligung spüren, indem er sie nur wiederwillig unterstützt. Immer wieder muss sie nachfragen, ob der Parteibeitrag schon gezahlt ist und ob die Marken, die man dafür erhält, auch wirklich von den Eltern aufgehoben werden.

Die Obernkirchener Leitung kommt nicht umhin, den BDM zu integrieren. Das freut Alheide: „Der B.D.M. soll jetzt in Ordnung gehen: 2 Arbeitsgemeinschaften, Singen und Sport. Ich habe mich natürlich für Sport angemeldet", schreibt sie begeistert im Frühjahr 1940. Sie ist glücklich, als sie „endlich" das Liederbuch des BDM in Händen hält. „Habe mirs immer schon mal wünschen wollen", schreibt sie nach Hause. Aber auch in Obernkirchen werden die Interessen der Partei zu Alheides Leidwesen anscheinend vernachlässigt. „Weltanschauliche Schulung haben wir garnicht", berichtet sie schon bald enttäuscht. „Im B.D.M. hatten wir bisher nur Turnen."

Alheide hält die christlichen Werte, die sie verstanden und übernommen hat, in Ehren und bemüht sich, als Christ zu leben. Aber sie ist im Zwiespalt. „In der Kirche war ich seit dem ersten Sonntag nicht mehr gewesen, weil wir immer weg waren", schreibt sie nach einigen Wochen in Obernkirchen. Ihr gefallen hier aber auch die Predigten nicht. Darum fährt sie mit dem Fahrrad in ein Nachbardorf, weil der Gottesdienst dort „sehr viel mehr wert ist".

Die Mutter versorgt sie mit christlichem Lesematerial. Der „Jugendweg", die „Zeitschrift der jungen evangelischen Frauengengeneration" des „Evangelischen Reichsverbands Weiblicher Jugend", gefällt ihr gut, was kein Wunder ist, weil das Blatt schon längst dem deutsch-christlichen Einfluss erlegen ist. Sie will aber auch selbst in der Bibel lesen und bittet die Mutter, ihr einen Plan für die „Tageslese" zu schicken. „Ich möchte es gern versuchen." Die Mutter schöpft Hoffnung und legt gleich noch ein Buch dazu, das dazu anleitet. Alheide bedankt sich höflich, doch glücklich ist sie nicht damit: „Mit dem Buch ist es aber so, dass man dazu auch das Alte Testament braucht – ist das in der Tageslese anders? Ich habe das A.T. garnicht hier und will es auch garnicht gern lesen, nur wenn es nicht anders geht." Die Mutter bestätigt ihr anscheinend, dass es nicht anders geht, und kündigt an, ihr Neues Testament um ein Altes zu ergänzen. Alheide windet sich, sich auch dem jüdischen Teil der Bibel aufzuschließen. „Wegen der Bibel meine ich, dass es mir gleich ist, was für ein A.T. ich bekomme", schreibt sie zurück, „bloß kann ich ein sehr großes Buch schlecht unterbringen. Ich muss es eben einmal versuchen, darin zu lesen." Es wäre ihr lieber, wenn sie darauf verzichten könnte, aber sie fühlt sich verpflichtet. Sie will es richtig machen, aber das Interesse fehlt. „In der Tageslese lese ich abends, weil man morgens bis zum letzten Augenblick schläft. Ist das falsch?", fragt sie die Mutter, von der sie weiß, dass „man" üblicherweise morgens seine Bibel liest. „Mit der Tageslese kann ich aber nicht viel anfangen, obwohl ich sie einhalte", bekennt sie ihr in einem anderen Brief, „nur selten kommt etwas, was ich mag."

Alheide fühlt sich nicht wohl in der Gemeinschaft mit den andern Mädchen. Die kommen mit ihr nicht zurecht und sie nicht mit ihnen. Es wird nicht besser, obwohl sie sich Mühe gibt. Nach einigen Monaten offenbart sie sich der Mutter: „Überall, in den Andachten und in der Tageslese, ist jetzt von der Liebe die Rede; aber das passt hier so gänzlich nicht her! Eben habe ich mit Tante Lilly etwas über mein Alleinsein gesprochen. Sie meinte, ich solle von mir aus zu den anderen gehen, aber das ist mir ja unmöglich". Die konkreten Probleme deutet sie nur an. Warum sie es für unmöglich hält, sich mit den Andern zu verständigen, verrät sie nicht.

Ihr ausgeprägter Sinn für Pflicht und Gerechtigkeit, ihr sittlicher Ernst und ihr starker „Freiheitsdrang", wie sie selbst sagt, tragen dazu bei, dass sie sich einsam vorkommt und isoliert. Andere sind „so nachlässig und unordentlich, dass ich (stellt Euch vor!) mir – und ihnen – wie ein Ordnungsfanatiker vorkomme und wie ein Musterkind, weil ich mich nicht drücke", klagt sie den Eltern. „Es ist zu dämlich!" Als die Schwierigkeiten anhalten, gesteht man ihr ein eigenes Zimmer zu. Die Eltern und „Tante Lilly" sehen es mit Sorge.

„Ich will es mit Geduld und Nachgeben versuchen," schreibt sie der Mutter, „hoffentlich werde ich dann nicht wirklich hochmütig vor meinen tugendhaften Gefühlen. Heute hatte ich ziemlich mangelhaften Erfolg damit, machte mich nämlich lächerlich. Aber gewöhne mir – wenigstens nach außen hin – eine

Elefantenhaut an, dann wird es ihnen wohl langweilig werden. Es ist bloß elend schwer, auch auf direkte Beleidigungen nicht zu antworten, und ich steige nicht gerade in meiner Achtung dadurch. Kameradschaft und Liebe hat aber den Unterschied, dass Liebe ganz einerseits sein kann; Kameradschaft beruht auf Gegenseitigkeit!" Das ist eine erstaunlich reife Aussage, die zeigt, dass die „Rede von der Liebe" wohl doch sehr gut zur Lage passte. Alheide hat zugehört und gut verstanden, was echte Liebe ausmacht. Sie ist berührt davon. Sie hat sich für die Liebe entschieden. Diese Weichenstellung wird Alheides ganzes Leben bestimmen.

Endlich Arbeitsmaid

Als Alheide schließlich am Ziel und „Reichsarbeitsmaid" geworden ist, bleibt sie in der Gespaltenheit, christliches Leben und nationalsozialistische Ideologie unter einen Hut bekommen zu wollen. Entsprechend wird sie von den anderen „Maiden" wahrgenommen.

Die „Arbeitsmaid" Alheide 1941

Eine Episode in diesem Spannungsfeld prägte sich ihr besonders ein. Jahrzehnte später hat sie die Erfahrung aufgeschrieben:

„Gleich zu Anfang wurde uns mitgeteilt, dass der Sonntag arbeitsfrei sei und wir das Recht hätten, zur Kirche zu gehen. Der gemeinsame Tagesbeginn im großen Kreis (die 'Fahne') war alltags um 7 Uhr, sonntags um 9.30 Uhr. Zum katholischen Gottesdienst in unserem Sauerlanddorf reichte das, aber eine evangelische Kirche gab es nur ein paar Dörfer weiter, etwa eine Stunde zu gehen. Das reichte nicht. Das schien kein Problem zu sein, denn fast alle Mädchen in diesem Lager waren katholisch und nur wenige überhaupt interessiert am Gottesdienst. Aber ich machte ein Problem daraus. Ich bestand auf meinem 'Recht' und verhandelte mit der Lagerleiterin, die dann eine Lösung fand: Die 'Fahne' durften wir nicht versäumen, sie wollte sie aber uns paar Evangelischen zuliebe sonntags morgens auf 8.30 Uhr vorverlegen, was natürlich die ganze Lagerbelegschaft verärgerte. Daraufhin waren es nur noch zwei Evangelische, Rosemarie und ich, die Wert auf den Sonntagsgottesdienst

*legten. Wir bekamen aber unser 'Recht' und zogen nach
der 'Fahne' los.*

*Was wir dann erlebten, machte mich sehr traurig und tut
mir leid bis heute. Der Gottesdienst war so langweilig, wie
(damals schon) oft behauptet wird, dass Gottesdienste eben
so seien, so 'das Übliche', Rituelle, Überflüssige und gewiss
nichts Wichtiges für junge Menschen. Der alte Dorfpfarrer
lobte uns zwar, als wir ihm von unserer Heldentat berich-
teten, er zitierte Röm. 1,16,[1] aber so lahm, dass von einer
Kraft Gottes wahrlich nichts zu spüren war.*

*Rosemarie machte mir auf dem Rückweg klar, sie würde
gerne nachgeben und auf unser 'Recht' verzichten wegen
der Stunde Sonntagsschlaf und des Ärgers der Kameradinnen. Sie machte es aber von meiner Entscheidung abhän-
gig, bliebe ich stur, bliebe sie mir treu. Ich gab aber nach.
Denn diese Sturheit hätte mir nichts gebracht. Ich war nur
wütend und traurig. In meinem späteren Leben bin ich
dann freilich mit der Kraft Gottes doch sehr intensiv in Berührung gekommen."*

Die übrigen der insgesamt 48 „Lagergenossinnen", die nur ihret-
wegen alle am Sonntag um halb Sieben aufstehen mussten, nehmen Alheide die „Extrawurst" übel. „Es war ein ziemlicher Tanz",
nicht zu verzichten, erzählt sie danach den Eltern. „Hätte ich es
aber getan, wäre ich mir sehr feige vorgekommen. Gelohnt hat es
den Tanz und den weiten Weg eigentlich nicht."

Der Gottesdienst fand in Althundem statt, dem größten Dorf in
der Umgebung. Manchmal gehen die „Maiden" dorthin, um Be-
sorgungen zu machen und sich zu vergnügen. Alheide hat bei

---

[1] „Ich schäme mich des Evangeliums nicht; denn es ist eine Kraft Gottes, die selig macht
alle, die daran glauben."

der Gelegenheit den Pfarrer aufgesucht und ihn gefragt, ob er auch in den umliegenden Ortschaften Gottesdienste halte. „Der Besuch bei dem Pastor war köstlich", schreibt sie gleich darauf ihrer Mutter, „das Erstaunen des Herrn über mein Erscheinen und mein Anliegen war gewaltig und machte mir Mordsspaß. Er ist aber ein Pastor wie aus einem Witzblatt. Mal sehen, wie er predigt."

Die Mutter äußert sich nach dem missglückten Gottesdienstbesuch besorgt über die Dickköpfigkeit ihrer Tochter. „Deine Einstellung in der Kirchgangssache konnte ich mir denken", antwortet Alheide. „Einen anderen Weg gab es aber tatsächlich nicht; im übrigen haben sich die Gemüter schon wieder beruhigt, nachdem ich auf Schlüpfer zunähen und Bürste im Bett garnicht reagierte." Sie sieht keinen anderen Weg, mit ihrer Neigung zu übermäßiger Prinzipientreue zurechtzukommen, als konsequent dabei zu bleiben. Erneut isoliert sie sich dadurch ein Stück weit. „Ich mache hier überall einen frommen Eindruck, was ich doch garnicht bin. Ich weiß es aber auf anständige Weise nicht richtigzustellen ohne feiges Zurückziehen." Wie schon in Obernkirchen versucht sie, auf ihrer Linie zu bleiben, ohne sich dabei in Streit mit den Andern zu verwickeln. Aber sie setzt sich dann auch selbst unter Druck, weil sie fürchtet, feige zu sein. Außerdem gelingt es ihr nicht immer, Ruhe zu bewahren. „Meine Methode: bis auf das Nötigste absolutes Schweigen und möglichst fleißig sein, bewährt sich ganz gut", resümiert sie gegen Ende der Zeit im RAD, „besonders wohl fühle ich mich nicht dabei."

Dennoch blüht Alheide jetzt auf. Das schlichte Leben in „RAD Lager 2/95", das sich im sauerländischen Würdinghausen befindet, sagt ihr zu. Sie ist von April bis September 1941 dort. Dass die Häuser Baracken, dass die zwölf Betten in Schlafsälen „Holzkästen mit Strohsäcken" sind, akzeptiert sie so gern wie das Fehlen von Zeit und Raum zu Muße und Rückzug. „Man kommt sich manchmal vor wie ein Vogel im Käfig", berichtet sie den Eltern. „Aber es sind ja viele Vögel, das ist wieder schön."

Alheide fühlt sich hier mehr unter ihresgleichen. Einige der jungen Frauen in diesem Lager haben wie sie das Abitur und wollen studieren. Auch das Unterrichtsprogramm macht ihr Freude. „Es ist überhaupt ein erstaunliches Niveau in den Schulungen", schreibt sie an ihren Bruder Geseko, „und wenn alles so wird wie die Führerin es will, wird es ein prächtiges Lager." Prächtig findet sie auch die feierliche Vereidigung. Jetzt endlich geht ihr großer Wunsch in Erfüllung! Als äußeres Zeichen dafür, nun eine richtige Reichsarbeitsmaid zu sein, bekommen die Mädchen Uniform und Brosche. „Jetzt sind wir erst vollständig!" schreibt Alheide begeistert. „Alles stürzte sich gleich vor den Spiegel und besah sich."

Alheide wusste bis dato um ihre intellektuellen und musischen Stärken, aber sie war unsicher, wie es um ihre praktische Veranlagung bestellt sei. Es tat ihr gut, in Obernkirchen Kochen und Gartenarbeit zu lernen, doch sie war überrascht, keine gute Beurteilung dafür bekommen zu haben. Jetzt will sie es wissen. Sie verweigert sich dem Nimbus der Dame aus „besserem Haus", die sich zu schade dafür ist, harte körperliche Arbeit zu verrichten. Dass sie Tag für Tag auf einem Bauernhof, der eine Stunde zu Fuß entfernt liegt, Außendienst zu verrichten hat, kommt ihr darum gerade recht. Sie hilft beim Schlachten, Wursten und Brotbacken und melkt die Kühe. „Ich glaube, ich kann dort sehr viel lernen," berichtet sie der Mutter. „Die Frau traut mir nicht viel zu; aber das ist ja doch ganz gut, wenn sie mir dafür alles zeigt und erklärt. Dass ich stark bin, hat sie schon gemerkt." Dass ihr die schwere Arbeit gelingt, stärkt ihr Selbstbewusstsein. Zufrieden stellt sie fest, dass sie anscheinend doch eine „manuelle Begabung" hat.

Fast ein Soldat

Als Funkerin bei der Luftwaffe

Am Turme

Ich steh' auf hohem Balkone am Turm,
Umstrichen vom schreienden Stare,
Und lass' gleich einer Mänade den Sturm
Mir wühlen im flatternden Haare;
O wilder Geselle, o toller Fant,
Ich möchte dich kräftig umschlingen,
Und, Sehne an Sehne, zwei Schritte vom Rand
Auf Tod und Leben dann ringen!

Und drunten seh' ich am Strand, so frisch
Wie spielende Doggen, die Wellen
Sich tummeln rings mit Geklaff und Gezisch,
Und glänzende Flocken schnellen.
O, springen möcht' ich hinein alsbald,
Recht in die tobende Meute,
Und jagen durch den korallenen Wald
Das Walroß, die lustige Beute!

Und drüben seh ich ein Wimpel wehn
So keck wie eine Standarte,
Seh auf und nieder den Kiel sich drehn
Von meiner luftigen Warte;
O, sitzen möcht' ich im kämpfenden Schiff,
Das Steuerruder ergreifen,
Und zischend über das brandende Riff
Wie eine Seemöve streifen.

Wär' ich ein Jäger auf freier Flur,
Ein Stück nur von einem Soldaten,
Wär' ich ein Mann doch mindestens nur,
So würde der Himmel mir raten;
Nun muß ich sitzen so fein und klar,
Gleich einem artigen Kinde,
Und darf nur heimlich lösen mein Haar,
Und lassen es flattern im Winde!

Annette von Droste-Hülshoff (1797–1848)

Dieses Gedicht könne sie fast auswendig, notiert Alheide drei
Jahre später. „Die Klage: 'Wär ich ein Jäger auf weiter Flur – ein
Stück nur von einem Soldaten, ach wär ich ein Mann doch wenigstens nur', überhaupt das Ganze fand ich immer, könnte auch
von mir sein."

Mit bestem Zeugnis wird sie beim RAD entlassen und erhält
gleich darauf, am 1. Oktober 1941, den Bescheid, von der Luftwaffe zur Ausbildung als Funkerin übernommen zu werden. Es
hatte zunächst so ausgesehen, als sollte sie einem Krankenhaus
zugeteilt werden. Obwohl sie Medizin studieren will, wäre ihr
das gar nicht recht gewesen. Sie atmet auf. „Wir sind nun ganz
Soldaten." So „ganz" dann doch nicht, wird sie bald merken. Als
Frau wird sie nie ein richtiger Soldat.

Anders als ihr Bruder Gerhard („Gerri", geb. 1924). Der schwermütige Burghard („Buk", geb. 1921) wird aus Krankheitsgründen nicht eingezogen werden und Geseko („Gesi", geb. 1927) ist leider noch zu jung, erst ein Jahr vor Kriegsende kommt er zum RAD. 1943 wird Gerri schwer verwundet. Er hat dabei anscheinend großes Glück gehabt. Im nächsten Jahr kann er wieder kämpfen.

Am 29. Juli 1944 bittet Emil Siess, SS-Mitglied, Hauptmann in der Potsdamer Luftnachrichten-Abteilung des Reichsluftfahrtministeriums und Alheides neuer Chef, um ihre Hand. Am selben Tag schreiben ihr die Eltern, dass Gerri gefallen ist. Sie antwortet am 1. August: Sie habe es im Voraus schon gewusst. „Euch konnte ich nichts sagen von dem merkwürdigen Wissen, das werdet Ihr verstehen, aber Ihr wusstet ja auch, dass es so kommen konnte, wenn auch nicht so sicher. Ich denke immer, wie schön Gerris Leben war, und wie sehr ihm dieser Abschluss zu gönnen ist. Dass er nicht gefangen wurde und sich nicht mit einer Verwundung quälen musste, da er doch sterben sollte." Außer ihrem Zukünftigen und einer weiteren Vertrauensperson spricht sie mit niemandem darüber, denn „das geht ja keinen was an." Ein paar Tage später schreibt sie an die Eltern: „Ich schäme mich, traurig zu sein. Gerade weil ich den Gerri sehr lieb habe, gönne ich ihm sein Schicksal, das mir das beste – nein das edelste scheint. Es gibt doch nichts Höheres, als für Deutschland alles einzusetzen, einschließlich des Körpers – jedes Gliedes – schließlich logisch auch des Lebens; wenn Gerri nun Abel ist, dessen Opfer angenommen wird, muss das nicht jeden freuen, der ihn lieb hat? Wenn ich nun traurig bin, bin ich unbändig stolz auf ihn! Leid tut mir nur der Gedanke, dass Ihr traurig seid. Ist das nun alles sehr übertrieben? Es scheint mir so einfach und logisch. Das Unliebste ist doch jetzt, dass gar nichts von einem gefordert wird, denn dadurch wird man ja außerhalb gestellt."

Gerri: der ganze Mann, der ganze Soldat, das ganze Opfer. Wohl nicht von ungefähr vergleicht Alheide ihn mit Abel. Geht es ihr selbst ein wenig wie dem neidischen Kain? Jedenfalls hat sie dieses „Unliebste", „dass gar nichts von einem gefordert wird", in den letzten drei Jahren im Dienst der Luftwaffe mehr oder weniger stark erfahren. Immer wieder war sie „außerhalb gestellt", umhergeschoben von einer Ausbildung und einer Tätigkeit zur anderen an ständig wechselnden Orten.

Das Jahr 1942 erlebt sie als Enttäuschung. Luftwaffenhelferinnen werden hier „als minderwertige Menschenklasse angesehen", stellt sie im Ausbildungsort Hildesheim fest. Drei Wochen später schreibt sie mit neuer Adresse in Quedlinburg, sie sei, da sie „das edle Faulenzen allmählich sehr satt hatte, zum RAD Lager Gernrode gegangen, denn die Führerinnen dort wissen bestimmt am besten, wo Hilfe nötig ist." So war es auch: Man wies ihr gleich Arbeit in der Obsternte zu. „Im RAD Lager staunte man nicht schlecht über meine Art der 'Freizeitgestaltung' und war aber sehr nett zu mir. Hier würde man wahrscheinlich noch viel mehr staunen, wenn man es wüsste." Vielleicht kann sie doch schon mit dem Studium beginnen? Ihr Vater bemüht sich darum. „Hoffentlich, dass ich bald wegkomme; der Dienst ist zu öde." Sie wird schon wieder versetzt, dieses Mal nach Goslar. „Hier ist auch nicht mehr zu tun und nichts anderes", stellt sie resigniert fest und hofft auf baldige Entlassung. Aber im September „kommt die große Neuigkeit": Sie wird in Holland gebraucht! Dort bleibt sie, bis man sie im Juni 1944 nach Potsdam beruft.

Doch auch in Holland wird sie von Ausbildung zu Ausbildung, Aufgabe zu Aufgabe und Standort zu Standort geschoben. Man macht sie vorübergehend zur stellvertretenden Heimleiterin und schickt sie auf einen Lehrgang dafür. Das sieht zuerst nach einer verantwortlichen Stellung aus, aber die Ernüchterung lässt nicht lang auf sich warten: „Mein Dienst besteht, das 2. Heimleiterin nicht sehr viel bedeutet, darin, daß ich der Wirtschaftshelferin zur Hand gehe." Viele Helferinnen schickt man wieder „ins Reich" zurück, weil man keine sinnvolle Verwendung für sie hat. Immerhin darf Alheide bleiben. Aber aus der Heimleitung wird nichts, und sie hat nach den ersten Erfahrungen auch genug davon. Nun soll sie „Fernsprecherin" werden, und auch dafür muss sie wieder zum Lehrgang. „Es ist nach allen stolzen Plänen etwas bitter", lautet ihr Kommentar, „aber immer noch besser als gar kein Dienst." Im September 1943 wendet sich das Blatt erneut: Jetzt soll sie doch wieder als Funkerin dienen und sogar eine Führungsrolle übernehmen. Bald darauf leitet sie eine kleine Gruppe von Funkerinnen. Wieder erfährt sie die Ambivalenz ihres Verhältnisses zu der Gruppe, der sie angehört, zwischen Vorbildlichkeit und Initiative auf der einen und Distanziertheit auf der anderen Seite. „Auf mich hören die Mädel nicht gern; ich bin ihnen wohl zu jung und 'zu herb', wie eine es kürzlich ausdrückte. Dabei habe ich durchaus keine übertrieben strenge Ansichten mehr! Und bemühe mich sehr um das nötige Verständnis." Nach wie vor weiß sie nicht, wie sie mit der Spannung umgehen soll. „Auf die Dauer hoffe ich ja auch die richtige Art noch zu finden." Das scheint ihr jetzt auch ein Stück weit zu gelingen.

Als sie im Juni 1944 den Bescheid erhält, unverzüglich nach Potsdam versetzt zu werden, fällt ihr der Abschied nicht leicht: „Schließlich tausche ich ja ein äußerst bequemes Leben voll Annehmlichkeiten gegen ein sehr ungewisses im Kriegsgebiet ein (wirklich, die Heimat ist jetzt Kriegsgebiet, und das Ausland ist hier typische Etappe)." Aber gerade das gibt den Ausschlag dafür, dass sie von der Richtigkeit der Entscheidung überzeugt ist.

Im Vorjahr war die Abteilung „Spionageabwehr und Gegenspionage" des Nachrichtendienstes der Bombardierung wegen aus Berlin nach Potsdam-Eiche ausgelagert worden. Alheide wird zur Geheimnisträgerin. „Von der Arbeit hier, die etwas ganz Besonderes darstellt, darf ich nichts auch nur andeuten – es ist aber sehr interessant", berichtet sie den Eltern. Zur geheimnisvollen neuen Aufgabe gehört auch die Leitung einer Gruppe von Helferinnen. Das fordert sie heraus, aber sie ist guter Dinge: „Zur

Zeit fühle ich mich mächtig stark; möge es so bleiben. Dass mein Zug (32 Helferinnen) schwierig zu behandeln ist, weiß ich auch; das ergibt sich schon aus dem besonderen Einsatz. Es ist immerhin eine gewisse Auslese." Alheide bleibt nur fast ein Soldat, aber jetzt gehört sie ganz dazu. Die „außerhalb Gestellte" ist zur elitären Insiderin geworden. Sie engagiert sich mit Leidenschaft. „Wenigstens etwas vom 'totalen Krieg'", schreibt sie euphorisch nach ein paar Wochen in Potsdam „Im Übrigen greift er ja wacker um sich, das ist auch richtig. Hoffentlich erfasst er nun auch wirklich alles."

Der unterhaltsame Krieg

„Wenn viel zu tun ist, macht mir die Arbeit richtig Freude", meldet die Luftwaffenfunkerin Alheide im Frühjahr 1942, und hofft nach den Luftangriffen auf die britische Insel „auf regeren Betrieb beim Einsetzen des Krieges gegen England direkt." In den letzten Wochen hatte sie endlich „mehr Spaß", denn es war „allerlei los": Sie mussten „jede dritte Nacht 19 Stunden lang Dienst machen, ohne uns abwechselnd hinlegen zu können. Ich wundere mich ja, wie wenig es mir ausmacht, obwohl ich nicht, wie viele von uns, fast meine ganze Freizeit verschlafe. Da das Wetter kalt und unfreundlich ist, lese ich sehr viel."

Ihr Optimismus scheint keine Grenzen zu kennen. Zweifel am Endsieg lässt sich nicht gelten. In einem Brief hat sie sich einmal mit dem depressiven Bruder Burghard verglichen: „Es tut mir leid, dass er sich so quält; wir haben da wohl eine recht verschiedene Art, die Dinge anzusehen. Ich lasse mich nicht quälen von den Sorgen, die an sich sehr natürlich und verständlich sind, da es nicht in meiner Macht steht ihnen zu wehren; ich glaube nicht, dass mich darum die Ereignisse weniger berühren." In der Tat, berühren lässt sie sich: Sie kann sich sehr begeistern und sie regt sich auf über Schlendrian, Ungerechtigkeiten im soldatischen Umfeld, Leidenschaftslosigkeit und „den Feind". Aber Schmerz und Zweifel drängt sie erfolgreich weg. Fast bis zum Ende des Krieges scheint es Alheide gut zu gelingen, sein Grauen auszublenden, um ihn sich wie einen spannenden Krimi anzuschauen und sich dabei so des Lebens zu freuen, als sei alles in bester Ordnung.

1941 wird sie bei Münster zum ersten Mal Zeuge eines Fliegerangriffs. Ihr Bericht klingt begeistert. Endlich einmal konnte sie die Flugabwehr direkt bei der Arbeit beobachten! „Ich war kaum aus der Stadt, als die Sirenen heulten. Es war ein tolles Konzert! Später schoss dann die Flak, so dass mir mein Wunsch schnell erfüllt wude. Ich kann jetzt wohl verstehen, dass man beim Flakschießen Angst hat; es ist aber ein prächtiges Feuerwerk. Ich blieb unter einem Bahnübergang, bis es vorbei war." Ein ähnliches „tolles" Erlebnis war für sie in Holland ein Angriff durch englische Tiefflieger: „Bei dem Luftangriff war ich nur sehr neugierig, weil es mein erster war, von Nerven keine Spur. Ich war auf dem Boden, von wo ich den Angriff gut verfolgen konnte". „Wir haben hier viel Alarm, stören uns aber wenig daran", berichtet sie im Juni 1943. „Nachts stehe ich nur auf, wenn es unbedingt sein muss, und das ist nicht oft. Einmal wäre ein brennender Tommy beinahe auf unser Dach gekommen, er fiel aber 50 m weiter in die Gracht." Im Hochsommer kommt sie für ein paar Wochen nach Deutschland zurück, um in Bad Kreuznach wieder an einem Ausbildungskurs teilzunehmen. Sie genießt die Zeit wie einen schönen Urlaub und fühlt sich pudelwohl: „Mein Leben läuft sehr ruhig und gleichmäßig weg, man staunt, wo die Tage bleiben. Manchmal denke ich, ich träume es nur". Der Krieg bildet eine interessante Kulisse und sorgt für hoch unterhaltsame Abwechslungen: „Vorgestern hatten wir hier ein Erlebnis, für Kreuznach eine kleine Sensation: in der Nacht wurde ein Bomber abgeschossen, so eine fliegende Festung, der fiel gerade neben unser Lager. Er verbrannte aber nur teilweise, und am andern Morgen haben wir ihn bestaunt: ein Riesentier in zahllose Teile zerborsten. Zwischen den Trümmern lagen auch ein paar zerschmetterte Tommies, andere haben noch abspringen können, man fand ihre Fallschirme. Für uns war besonders interessant eine Kartentasche mit Karten vom Rheinland, auch ein Stadtplan von Koblenz war dabei, und ein neuartiges Funkgerät; leider wurde all das als kostbare Beute rasch geborgen, und wir durften uns nicht näher damit befassen." Ein paar Tag später berichtet sie das nächste Highlight: „Eben zogen in großer Höhe zahllose Feindflieger über uns weg, wie silberne Mücken am hellblauen Himmel, es sah wunderschön aus; immer neue Wellen. Dann wurde einer abgeschossen, wie eine Fackel kam er herunter, dann wie ein rotsprühendes Feuerwerk, weil er zerplatzte; trotz der hellen Sonne ein schönes Bild! Wir haben geschrieen vor Freude." Selbst noch im Oktober 1944 an der „Heimatfront" in Potsdam, als sich der Ernst der Lage immer dramatischer zuspitzt und die Luftangriffe sich häufen, lässt sich Alheide nicht aus der Ruhe bringen. „Heute hatte Berlin einen Tagesangriff", erzählt sie gelassen den Eltern, „und jetzt sind schon wieder Anflüge gemeldet; ich habe aber erst mal auf stur geschaltet und hoffe, dass sie wo anders hinfliegen. Während manche schon in den Bunker wetzen. Ich behandle nämlich gerade eine gewaltige Erkältung mit Glühwein." Die Erkältung hatte sie sich in München geholt, wo sie eine Woche zuvor mit ihrem Emil weilte. Zwar war sie betroffen über den Zerstörungszustand der Stadt, offenbar konnte man einfach nicht mehr daran vorbeisehen. „Armes München!" Das sind durchaus neue Töne. Das Ende zeichnet sich ab. Aber sehr stark berührt sie das nicht. Der Tagesangriff eben gerade war eine spannende Unterbrechung im touristischen Tagesplan. „Ich war im Englischen Garten, konnte also alles sehen und hören; nur die Flaksplitter machten eine unangenehme Hornissenmusik. Emil war im Keller. So hatte ich es ja besser." Und nun wollten sie gleich noch das Haus der Kunst besuchen. Weiter im Programm!

Die vier Jahre Kriegsdienst sind für Alheide langweilig und ärgerlich, wenn es nichts Rechtes zu tun gibt und ihre Fähigkeiten nicht zur Geltung kommen, aber wenn sie genug Arbeit und Anerkennung erfährt, ist es ein schöner Job mit schön viel Freizeit, die sie gut zu nutzen versteht. Sie kauft sich ein Paddelboot und ist viel damit auf den Seen unterwegs, wie auch zum Schwimmen und Segeln, sie nimmt Reitunterricht und streift zu Pferd durch das Gelände oder wandert, sie liest viel und mit Leidenschaft, sie besucht Kino, Theater, Oper und Konzerte, sie reist per Bus durch Holland und schaut sich die Sehenswürdigkeiten an. „Wir haben faul in der Sonne gelegen und blöde Lieder gesungen zu unserer Unterhaltung", erzählt sie eine Woche vor der Invasion im Pfingstgruß an die Eltern. „Man kann ja auch nicht immer lesen. Über uns brummt es gewaltig; offenbar fliegen sie wieder in Scharen ein. Hier nimmt man kaum Notiz davon."

Noch in Potsdam geht Alheide in Theater, Konzert und Oper. Im Januar 1945, schon mitten im Inferno, fährt sie mit Emil nach Berlin zu „einem schönen Konzert, das dann nach dem zweiten Satz von Beethovens 5. Symphonie wegen Vollalarm abgebrochen wurde." Schade um den Kunstgenuss? Aber es gab ja sehenswerten Ersatz: „Vor einigen Tagen war ein sehr schwerer Angriff auf Berlin, angeblich der schwerste, den es bisher auszuhalten hatte", schreibt Alheide fasziniert drei Wochen danach. „Ich war grade auf dem Weg in die Stadt; so musste ich nicht in den Keller, sondern trieb mich auf dem Mühlenberg und dem Ruinenberg herum und sah zu wie auf der Bühne. Es war schon überwältigend: grade über Potsdam hinweg zogen bei strahlendem Wetter weit über 1000 viermotorige Bomber in lockerem Strom, dazwischen kreuz und quer ihre Jäger."

„Hier herrscht eine seltsame Stimmung", notiert Alheide in diesen Tagen: „einerseits muss man sich auf das Näherkommen der Gefahr einstellen; dagegen soll und will man doch den Glauben an eine gründliche Wendung nicht verlieren!" Der Dienst macht ihr wieder Freude, denn es gibt viel zu tun. Noch mehr zu tun hat ihr Bräutigam. Das gemeinsame „schöne" neue Zimmer in Potsdam bekommt ihn kaum zu sehen. Ihm macht der Dienst jetzt keine Freude mehr. Er fühlt sich am falschen Platz, „weil er es jetzt für dringender hält, die ganze Einheit mit Panzerfäusten auszurüsten und an die Oder zu schicken. Ich glaube, dass er recht hat." Nicht aber, weil sie ernstlich an den Einmarsch sowjetischer Bodentruppen glaubt. „Dass die Russen kommen, glaube ich noch lange nicht; die Bomben reichen doch überall hin", räsoniert sie noch acht Wochen vor dem Fall Berlins. Emil spürt Ohnmacht und ergeht sich in Fantasien über seinen Heldentod im letzten Kampf der Götterdämmerung. Alheide hält dagegen. Den Heldentod findet sie ganz passend, aber den Untergang leugnet sie, so lange es geht.

Als vom 13. bis 15. Februar 1945 die feindliche Bomberflotte über Berlin hinwegzieht, um Dresden zu vernichten, steigt auch die Sorge, dass Potsdam, „die letzte heile größere Stadt", bald ein ähnliches Schicksal treffen wird. Aber immer noch bleibt Raum, das Leben zu genießen. Damit Lebens- und Genussmittel nicht „dem Feind" in die Hände fallen, wird noch einmal kräftig ausgeteilt: „Inmitten allen Elends leben wir hier beängstigend ruhig und angenehm. Wie lange noch?"

Emil will an die Ostfront, die immer näher rückt. Alheide ist skeptisch, weil man ihn als Geheimnisträger nicht dorthin lassen wird. „Aber, dass er es versucht, ist mir sehr recht." „Wir wissen nicht, wann wir unsere Kräfte bis zum letzten Blutstropfen brauchen, heute schon oder erst morgen", fügt Emil einem Brief Alheides an ihre Eltern zu. „Die Lage sieht ernst aus. Ich denke immer an die Möglichkeit eines Stalingrad, das wir den Russen bereiten sollten. Und dabei sollte man gar nicht denken jetzt, sondern handeln dürfen." Emil sei bedrückt, „es quält ihn, dass er nicht kämpfen darf", notiert Alheide drei Wochen vor dem Ende. „Ich kann ihn so gut verstehen", wenn auch das Wetter „so herrlich" ist, „dass man zeitweise die Lage vergisst."

Im Sog der Demagogen

Aus Potsdam erzählt Alheide, dass sie eine Familie besuchte. „Der Älteste ist um drei Tage zu jung, um mit den Potsdamer 14-jährigen in Ostpreußen zu schanzen; die Eltern sind recht froh, er selbst zu meinem Erstaunen auch nicht traurig. Aber er ist noch sehr kindlich für knapp 14 Jahre." Die 21-jährige Alheide wundert sich, dass dieser Teenager etwas schöner finden kann als in den Krieg zu ziehen. Sie selbst war in diesem Alter doch deutlich reifer: Wach, verantwortungsbewusst, „auf der Höhe der Zeit". Sie zweifelt nicht, damals den richtigen Weg eingeschlagen zu haben. Die Propaganda, deren Opfer sie als junges Mädchen wurde, hat ihr Ziel erreicht. Sie ist ganz in den Sog der Demagogen geraten.

Die Propaganda funktioniert perfekt. Zeitungen, Schriftsteller, Radio und Kino huldigen der Ideologie. Alheides Literaturinteresse findet in Büchern Erfüllung, die dem kollektiven deutschen Größenwahn gewidmet sind. Sie vertieft sich in das Œuvre des Kriegsverherrlichers Walter Flex (1887–1917), eines der meist gelesenen nationalistischen Schriftsteller jener Zeit. Sie mag die Heimatromane der bekennenden Nationalsozialistin Maria Grengg (1888–1963). Sehr wichtig ist ihr stets das Radio. Hitlers Reichstagsrede am Tag der Kriegserklärung an die USA im Dezember 1941 gefällt ihr gut, „bis auf die Feststellung, dass er Roosevelt für geisteskrank halte – das sollte einer von seinem Feind nicht sagen". Als Göring im Januar 1943 die todgeweihte deutsche Stalingradarmee mit der kleinen Truppe des Spartaners Leonidas vergleicht, die einst das große Heer der Perser am Einmarsch hinderte, stimmt sie zu, wenn sie auch zugibt, dass sie „die ständige Wiederholung der Forderung nach stärkstem Einsatz jedes Einzelnen" allmählich nervt, denn „über die Gefahr, in der wir sind", sei sie sich durchaus im Klaren, wie sie den Eltern erläutert, „zumal sie ja auch keineswegs mehr verschleiert wird." Sie ahnt noch nicht, was tatsächlich verschleiert wird.

Unerschüttert glaubt sie an den Endsieg. Nach der Entmachtung Mussolinis, „dem italienischen Verrat", regt sie sich „natürlich mächtig auf", es tut ihr aber „vor allem der Führer leid", sie fühlt mit ihm, als sie seine Rede im Radio dazu hört. Als ein Jahr später die Invasion der Alliierten in der Normandie gemeldet wird, kommt ihr das nicht ungelegen, weil ihr Dienst jetzt „durch die Kriegsereignisse etwas anregender" wird. Sie spottet über die aufkommende Angst ihrer Mitmenschen; der Feind sei ja noch lang nicht in Holland angekommen und „überhaupt wird erheblich viel mehr geredet, als gut und nützlich ist." Aber für die neue „Wunderwaffe" kann sie sich begeistern, mit der die Propaganda nun versucht, die Hörigen für den „Beginn der Vergeltung" zu mobilisieren. Am liebsten würde sie „so ein Ding mal fliegen sehen! Flugzeuge scheinen es ja nicht zu sein, sondern Geschosse; aber wie mächtig müssen sie sein, dass die Flak darauf schießt! Jedenfalls eine dolle Sache." Nach dem missglückten Attentat auf Hitler vom 20. Juli lauscht sie den Worten des Propagandaministers am Radioempfänger und schreibt bewegt danach den Eltern: „Habt ihr die Goebbelsrede angehört? Vermutlich, mich freute seine Feststellung, der Führer steht in Gottes Hand." Noch mitten im Chaos der letzten Kriegstage denkt sie einfühlsam an ihn: „Führers Geburtstag! Wie schwer und einsam mag für ihn das alles zu tragen sein."

Vieles verschleiern die damals schon so mächtigen Medien unter der Totalherrschaft des Regimes Alheides Blick: nicht nur den Wahnsinn dieses Krieges und sein entsetzliches Leid, nicht nur das wahre Gesicht des perfiden Verbrechers Adolf Hitler, sondern auch den Genozid. In Holland erlebt sie etwas vom Widerstand, Unruhen flammen auf, verebben aber bald. „Nun herrscht Polizeistandrecht", kommentiert sie sachlich. „Täglich kleben neue Zettel an den Hauswänden mit der Bekanntgabe von vollstreckten Todesurteilen; das wirkt jedenfalls dämpfend." Sie sah noch mehr als das. „Als ich in Holland war", bekennt sie lange Jahre danach, „begriff ich, dass Gerüchte über Konzentrationslager, in denen gefoltert und getötet wurde, der Realität entsprachen – ich hatte sie bis dahin für eine böswillige Feindpropaganda gehalten! Meine Kameradinnen hielten mich für sehr naiv und autoritätsgläubig; das war ich wohl auch.“

Sie „begriff es“ und dennoch blieb es ihr verschleiert. Wie war das möglich? Jedenfalls war sie durch die Propaganda gegen Gewissensbisse den Juden und andern „Lebensunwerten“ gegenüber geimpft. Ein erheblicher Teil der anästhesierenden Wirkung steuerte offenbar das attraktivste Medium jener Jahre bei: der Kinofilm. „Jud Süß“ anzuschauen habe sich wirklich gelohnt, schrieb sie noch aus Obernkirchen, „dazu eine fabelhafte Wochenschau.“ Es handelte sich um einen geschichtsverfälschenden antisemitischen Spielfilm über einen angeblichen jüdischen Sexualstraftäter des 18. Jahrhunderts. Gleich im Anschluss wurde mit „Der ewige Jude“ der passende Dokumentarfilm dazu produziert. Er zeichnete ein pauschales Bild „des Juden“, das ihn als gefährlichen Untermenschen darstellte. Alheide sah auch dieses Machwerk und fand nichts dabei. Der Film „Ich klage an“ wurde gedreht, um die Untermenschlichkeit der Behinderten aufzuzeigen und das Ziel, sie zu vernichten, durch falsches Mitleid zu verschleiern. Alheide ließ sich davon in Holland faszinieren. „Es ist wohl der beste Film, den ich je gesehen habe“, meinte sie nach der Vorstellung. „Reitet für Deutschland“ habe ihr allerdings ähnlich zugesagt. „Er ist wirklich fabelhaft“, schrieb sie nach der Aufführung über das verschwörungstheoretische und antisemitistische Propandawerk. „Wirklich ausgezeichnet“ fand sie auch den Kriegspropagandafilm „U-Boote westwärts“, „wirklich sehr sehenswert“ sei „Die goldene Stadt“, ein rassistisches Melodram, zweiter Farbfilm in den deutschen Kinos, und „wirklich ein Erlebnis“ war für sie „Die Entlassung“, wiederum eine Geschichtsverfälschung, die Bismarck als Wegbereiter Hitlers darstellte.

Angepasster Glaube

Am christlichen Glauben hält Alheide fest. Einerseits macht sie sich dadurch zur Außenseiterin. Dass es beim RAD an Weihnachten keine „religiöse Betreuung" gibt, ist einer der wenigen Punkte, den sie zu bemängeln hat. Als die „Maiden" vereidigt werden, wundert sie sich, dass der Schwur nicht auf Gott geleistet wird. Im Gegensatz zu ihrem Umfeld bleibt es ihr wichtig, wann immer möglich in die Kirche zu gehen. Andererseits entfaltet auch hier die Propaganda ihre volle Wirkung an ihr. „Eine so völlige, selbstverständliche Verbindung von Nationalsozialismus und Christentum habe ich noch nie gesehen", teilt sie nach dem Besuch eines schlecht besuchten Gottesdienstes in einer sehr kleinen Kirche den Eltern zufrieden mit. Von einem anderen Pfarrer ist sie angetan, weil er „über den Führer und den Alten Fritz und ihre innerlich verwandte Art sprach und dabei erstaunlich feine und zutreffende Gedanken aussprach. Besonders gefiel mir sein Begriff 'protestantisch' – jenseits von evangelisch und katholisch – nämlich frei vor Gott – und nur vor ihm verantwortlich; er führte das noch etwas aus. Nur schade, dass er sich so oft versprach und verwirrte." Einen dritten Pfarrer lobt sie, weil er „sehr gut und sehr soldatisch" über Bismarck sprach.

Im Juni 1944 berichtet Alheide aus Holland, dass sie „jetzt etwas Neues kennengelernt" habe: „Man hat mich zu einer Art Bibelkreis eingefangen, der jeden Sonntagabend stattfindet, und von dem ich bisher gar nichts wusste. Es ist ein merkwürdiges Gemisch von Singabend, Gottesdienst und Betstunde, ohne freie Ansprache. Ich will erstmal dabei bleiben und sehen, ob ich mich an das, was mir nicht gefällt, gewöhnen kann; denn Gottesdienst ist hier alle 2–3 Monate mal. Geleitet wird dies von einem Unteroffizier, der im Zivilberuf Missionar ist; beteiligt sind ein paar Soldaten, einige zivile deutsche Frauen, die als Küchen- oder Putzhilfe bei der Wehrmacht sind, und außer mir noch eine Helferin. Am besten gefällt mir das Singen." Die alten Formen des Glaubens, wenn auch in neuem Gewand, behagen ihr nicht mehr. Gleich danach wird sie nach Potsdam versetzt.

Spätestens seit Holland lernt sie auch die Vorzüge ihrer Andersartigkeit zu schätzen. Ihr Ehrgeiz, „fast ein Soldat" zu sein, bringt ihr viele Kontakte zu solchen, die es ganz sind. Ihr „solides Leben", wie sie selbst dazu sagt, erregt zwar „immer wieder Kopfschütteln", aber es verschafft ihr zusammen mit Intelligenz und Intellektualität auch Respekt und Aufmerksamkeit und schützt sie vor Zudringlichkeiten. Bis Potsdam bewahrt sie sich ihre Souveränität dem großenteils männlichen Umfeld gegenüber. Aber das ändert sich, als sie gerade erst dort angekommen ist. Der SS-Offizier Emil Siess, ihr neuer Vorgesetzter, „ein arbeitswütiger Herr, mit originellen Ideen", verliebt sich in Alheide und macht ihr nach wenigen Wochen einen Heiratsantrag. „Ich habe ihn zurückweisen müssen", klagt sie der Mutter: „ist ja klar, da er der SS angehört." Aber Emil gibt nicht auf. Seine erste Verlobung war aus demselben Grund gescheitert. Doch er scheint sich geändert zu haben: „Siess glaubt, er sei heute nicht mehr so starr wie damals, und hofft von mir, dass ich ebenfalls nicht so ausschließlich sei, wie diese Heidi. Vielleicht würde ich es wagen, wenn ich des Glaubens sehr sicher wäre; so aber wage ich es nicht, da er selbst sehr sicher ist. Eben diese Sicherheit und innere Kraft zieht mich an, aber es stört mich der Mangel an Güte dem Schwachen – wie er sagt, Untüchtigen gegenüber. Ob da ein Ausgleich möglich wäre?" Alheide spürt deutlich, dass der Kern des christlichen Glaubens, von dem sie geprägt ist, mit der SS-Ideologie nicht in Übereinstimmung zu bringen ist. Sie hat schon der „Rede von der Liebe" ihr Jawort gegeben. Dennoch: Zwei Monate später gibt sie nach. Sie meint zwei gute Gründe dafür gefunden zu haben: Emils Persönlichkeitsveränderung und ihre eigene Glaubensveränderung.

Schon beim ersten Kennenlernen war ihr aufgefallen, dass Emil, zwar „typisch SS, äußerst unbedingt in seinen Ansichten" sei,

„aber nicht so verbohrt" wie andere Mitglieder der „Schutzstaffel", die sich schon um sie bemüht hatten, und „auch viel klüger." Emil liebt Hölderlin und klassische Musik und ist zu starken Gefühlen fähig. „Die Sache mit der Verschwörung und dem Attentat ist ihm äußerst nahe gegangen; er hat als einziger der Kompaniechefs daraufhin einen Appell angesetzt und einiges dazu gesagt. Was und wie er es sagte, gefiel mir gut; es entsprach meinen eigenen Empfindungen. Nur dass er von einer Dankbarkeit nichts wissen will, sondern die Bewahrung des Führers als eine geschichtliche Notwendigkeit ansieht." Zwar habe Emil ihr von Liebe überhaupt nichts gesagt, berichtet Alheide am Tag der Verlobung, „nur dass er sich das Leben mit mir sehr schön denke – und das war schon viel. Aber wie sehr er sich gegen früher verändert hat, dass beinahe aus einem Stein ein Mensch geworden sei, das wird immer wieder festgestellt, und ich merke es ja selber. Es kommt mir ganz seltsam vor, dass ich über einen anderen Menschen – und nun gar über einen solchen! – so viel vermögen soll." „Die Verwandlung des Chefs" sei wohl jedem in der Kompanie aufgefallen, fügt sie am nächsten Tag hinzu.

Hochzeit mit Emil Siess

Der Vater reagiert mit Sorge auf die Verlobung. „Lieber Vati!", antwortet Alheide. „Was Du in Deinem langen Brief geschrieben hast, entspricht verblüffend genau meinen eigenen Gedanken über diese Dinge." Der Brief des Vaters ist nicht erhalten, aber aus Alheides Antwort lässt sich schließen, worum es darin vor allem ging. Dankbar sei sie besonders über das, was er über die SS geschrieben habe; sie freue sich, das nun Emil zeigen zu können „als nicht nur meine eigene, vielleicht noch unfertige Ansicht. Bei unseren Unterhaltungen über das Christentum meint er zum Schluss immer, ich wäre als Mann ein recht gefährlicher Gegner geworden, weil unangreifbar sei, was ich sage. Ich versuche aber, ihn zu überzeugen, dass das Christentum nicht eine Schwäche in der Vergangenheit und eine Gefahr für die Zukunft unseres Volkes ist, sondern das Gegenteil." Alheide ist zuversichtlich, dass es ihr gelingen wird. „Dieser geistige Kampf scheint mir, da er gut geführt wird, nicht schlechter als die völlige Übereinstimmung, die wir darin wohl nie erreichen werden. Da mein Glaube den seinen nicht aus-, sondern einschließt, ist es ganz klar, dass wir unsere Kinder taufen und christlich erziehen; später mögen sie sich selbst entscheiden, sollen aber dann wirklich kennen, was zur Entscheidung ansteht." Sie hat ihre Glaubensvorstellungen überarbeitet. Sie sind jetzt so weit, dass sie die SS-Ideologie des gnadenlosen Übermenschentums „nicht aus-, sondern einschließen" können. Das wird sich als folgenschwerer Irrtum erweisen.

Von Beginn der Beziehung an macht Alheide Erfahrungen mit Emil, die darauf hinweisen, wie schwer die Überzeugungsarbeit werden wird. Eine erste große Hürde ist die Form der Hochzeit: „In die kirchliche Trauung will er sich zwar sehr widerwillig finden", offenbart sie der Mutter „– aber keinesfalls hinknien! Ich weiß nicht genau, gehört das unbedingt dazu? Ihm ist es jedenfalls ein unerträglicher Gedanke, da kann ich sagen, was ich will. Am liebsten würde ich unter diesen Umständen auf die kirchliche Trauung ganz verzichten; aber ich komme mir ja doch dann selber untreu vor!" Das erste gemeinsame Weihnachten erleben sie mit seiner Kompanie zusammen. Emil gestaltet das Fest. „Diese Feier war ganz so wie Emil selber ist: sehr idealistisch, viel fordernd, ohne Rücksicht, weil ohne Verständnis für Schwächere und ganz und gar unüblich. Dafür war die Weihnachtsfeier meiner Kompanie sehr üblich", nämlich sentimental und mit viel Alkohol und dergleichen. Das „Unübliche" an Emil, sein Idealismus und seine Umgangsformen ziehen Alheide an, dass sie es nur zusammen mit Rücksichtslosigkeit und Verständnislosigkeit für Schwächere haben kann, nimmt sie in Kauf, weil sie sich einbildet, dem weichen Kern unter der harten Schale seines Herzens verbunden zu sein und bereits zu erleben, wie schon beinahe aus dem Stein ein Mensch geworden ist.

Alheide kann den „geistigen Kampf" nicht gewinnen, weil sie sich auf der falschen Seite der Front befindet. Darin liegt der zweite Grund, auf Emils Antrag doch noch einzugehen. Sie hat in den wenigen Wochen ihrer Beziehung zu ihm in ihrem Glaubenssystem gründlich aufgeräumt und auf den Müll befördert, was ihr daran zu eng erschien. Im November 1944 erklärt sie sich in einem Brief an die Mutter ausführlich dazu: „Hoffentlich enttäusche ich Dich nun nicht, wenn ich Dir sage, dass mich zum Kirchegehen – was sich ja augenblicklich auch schwer machen lässt – zur Zeit gar nichts drängt; und nur aus einer Art Pflichtbewusstsein hin zu gehen, leuchtet mir nicht recht ein. Ich bin gar nicht im kirchlichen Sinn 'fromm', wie Du wohl annimmst; dazu lehne ich selber viel zu viel ab von dem, was heute angegriffen wird; und die Kirche sehe ich nur so an, dass sie ihre Berechtigung hat, weil eben nichts besseres da ist." Weil Emil nicht nur die Kirche, sondern die gesamte Lehre des Christentums angreife, sei sie ihm nur gewachsen, wenn sie sich von allem trenne, das sie nicht mit wirklicher Überzeugung vertrete. „Ich glaube, ich habe mir auch so etwas wie den oft genannten 'eigenen Glauben' zurechtgemacht," fährt sie fort, „indem ich manches, was belastete und womit ich nicht fertig wurde, einfach über Bord warf. Und ich glaube nicht mehr, dass das vermessen ist; der Erfolg spricht dafür. Sie könne kaum sagen, worin wohl ihre Ansicht abweiche von dem, was in der Bibel steht – „in der Hauptsache ist es wohl die Ablehnung des 'Liebet Eure Feinde'." Außerdem seien die Begriffe „Sühne" und „Gnade" für sie problematisch geworden. „Die Form des Christentums muss sich doch wandeln können, wenn es noch lebt? Also darf man auch abstoßen, was überholt ist."

Ernüchterung

Hochwald im Frühling

Braune Streifen und weiß-blaue Flecken
im zart leuchtenden Grün;
leises Zwitschern, Flöten und Summen
vor fernem Gedröhn.

Ganz versunken ist, was wichtig erschienen,
schön in Ordnung die Welt.
Keine Schmerzen, ganz leise Trauer.
Das ferne Dröhnen nimmt zu.

Wenn überhaupt, kommen Verblendete erst dann zur Besinnung, sobald sie den schrecklichen Folgen des Wahnsinns, den sie verherrlichten, nicht mehr ausweichen können. Das bahnt sich bei Alheide an, als sie in Potsdam unmittelbar mit Tod und Zerstörung konfrontiert wird. Im Juli 1944 fährt sie nach Berlin-Friedrichsstraße und ist betroffen: „Eine Zeile gräulicher Schutthaufen und Brandruinen. Im übrigen habe ich das zerstörte Berlin nur von der S-Bahn aus gesehen, und es reichte mir völlig. Es sind aber immer viele Leute unterwegs, und einige wohnen sogar noch unter den Trümmern." Im August trifft eine verirrte Bombe den Wohnblock der Kaserne, in dem sie kurz zuvor selbst noch untergebracht war. „Das war eine wilde Nacht! Wir haben gewühlt wie die Maulwürfe, um die Verschütteten zu bergen." 19 Mädchen, ihre Kameradinnen, und neun Soldaten werden zwei Tage danach bestattet. „Ich wollte auch hin; aber es war mir einfach zu heiß", entschuldigt sie sich im anschließenden Brief an die Eltern. „Jedes Kleidungsstück ist zu viel; und dann erst die Uniform!" Es war ihr zu heiß, es geht ihr zu nah. So entzieht sie sich noch einmal der Wahrheitsschlinge. Im Dezember reist sie mit Emil nach Heilbronn, wo seine Schwester wohnt. Selbst Emil zeigt jetzt Rührung. „Wir sind hier an der Front und wissen jetzt, wie gut es uns bisher im Reich ging und mit wie wenig man leben kann", schreibt er den Schwiegereltern. Es trifft ihn, als er seine Mutter wieder sieht. Wie alt ist sie geworden! Heilbronn ist fast völlig zerstört. Die beiden können sich Essen aus dem RAD-Lager besorgen. „So leben wir nicht schlecht hier", meldet Alheide, „wenn nur das Elend der zerstörten Stadt nicht so sehr zum Himmel schriee! Die Zahl der Toten ist noch ungewiss, muss aber furchtbar hoch sein." Die meisten Menschen hier seien „ganz kopflos und verzweifelt."

Mitte April wird Emil in die österreichischen Alpen versetzt und Alheide findet Zuflucht in einem Weiler hoch oben im Pitztal, der zur Gemeinde St. Leonhard gehört. „Trotz allem freue ich mich sehr aufs Gebirge", gibt sie zu, als sie weiß, wohin die Reise geht, die dann auch zu einer „unbeschreiblich schönen Fahrt" wird, gemeinsam noch mit Emil und eine Woche vor dem Ende. Emil wiederum „freut sich auf den Kampf", zu dem es aber nicht mehr kommt. Alheide zufolge ist er enttäuscht über die „lasche Dienstauffassung seiner Mitsoldaten." Das junge Ehepaar spricht über das Ende, „ganz ruhig und sachlich, aber wir hoffen doch beide glühend, dass wir zusammen weiterleben dürfen, im freien Deutschland. Unser Leben fängt doch erst an!"

Nun ist auch Alheide klar, dass sich West- und Ostfront bald berühren werden. „Die ruhige Zeit hier, die mich in ihrer Pflichtenlosigkeit schon zu quälen beginnt, wird wohl bald zu Ende sein." Emil ist irgendwo im Gebirge in Stellung gegangen. Alheide macht sich Sorgen. „Ach, wie wird alles werden! Hier oben hört man von nichts. Im Gasthaus nebenan gibt es zwar ein Radio, aber der selbsterzeugte Strom reicht oft für den Empfang nicht aus." Berlin sei hart umkämpft, und der Führer mitten drin, bekommt sie mit. „Oh Deutschland!" Noch einmal taucht Emil bei ihr auf. Dann wird gemeldet, dass Hitler tot ist. Emil entlässt den Rest seiner Kompanie und vertauscht die Uniform mit einer Bauerntracht. Die Amerikaner sind schon in St. Leonhard. Alheides Gastgeber hängen ein weißes Laken aus dem Fenster und dringen darauf, alle Nazizeichen zu beseitigen. Sie fügt sich widerwillig. „Nie hätte ich das von mir geglaubt."

Emil ist verschwunden. Das hält Alheide davon ab, sich umzubringen. „Für mich war es doch selbstverständlich, dass dieser Fall das Ende meines Lebens sei, und für Emil auch. Jetzt ist durch unsere Trennung der Augenblick verpasst; ohne ihn kann ich nicht tun, was wirklich Erlösung wäre – und wann werden wir uns wieder sehen?" Im Weiterleben erkennt sie nunmehr weder Sinn noch Pflicht, „wenn Deutschland ganz verloren ist". Unerträglich, „dass wir getrennt leben müssen, weil wir nicht zusammen gestorben sind".

Die Versuchung beschleicht sie, doch allein in den Tod zu gehen. „Die Verlockung ist groß, in den Bergen zu bleiben – ein Unglück ließe sich ja so leicht erzwingen".

Wäre das Feigheit oder Mut? Alheide schwankt. „Ich habe noch nie Angst gehabt, aber jetzt habe ich oft Angst, oder mehr ein Grauen, wenn ich an die Zukunft denke." Sie zweifelt an der Heldentat des Selbstmords. Deutschland gibt es nach wie vor – „und Deutschland hat unverändert dasselbe Recht an uns wie eh und je." Da sollte man die Flinte nicht ins Korn werfen. Aber dann überlässt sie sich doch dem suizidalen Sog und besteigt leichtsinnig allein und unerfahren einen Dreitausender. „So sehr wie heute habe ich mich noch nie unter höherem Schutz gefühlt", berichtet sie danach den Eltern. Dass sie bewusst ihr Leben aufs Spiel setzte, verschweigt sie ihnen.

Auf dem Weg hinauf tauchte plötzlich und mächtig ein Bibelspruch aus ihrem Gedächtnis auf: „Denn er hat seinen Engeln befohlen über dir …".. Der Psalm, in dem das steht, war ihr gut vertraut: „Wer unter dem Schirm des Höchsten sitzt und unter dem Schatten des Allmächtigen bleibt, der spricht zu dem Herrn: Meine Zuversicht und meine Burg, mein Gott, auf den ich hoffe. Er wird dich mit seinen Fittichen decken, und Zuflucht wirst du haben unter seinen Flügeln. Denn er hat seinen Engeln befohlen, dass sie dich behüten auf allen deinen Wegen, dass sie dich auf den Händen tragen und du deinen Fuß nicht an einen Stein stoßest." Die Worte trafen Alheide im Gewissen. Sie hatte Hand an ihren kindlichen Glauben gelegt, der sich Gott schlicht und völlig anvertrauen wollte. Sie hatte ihn zurechtgebogen, um ihn der Ideologie vom deutschen Übermenschen anzugleichen. Und nun war sie im Begriff, Hand an sich selbst zu legen und also nicht nur ihrem Gottvertrauen gnadenlos tödliche Gewalt anzutun, sondern dazu auch noch dem eigenen Leben. Sie empfand brennende Scham. Die Morgensonne schob sich um den Berg. Alheide sah auf und spürte die sanfte Wärme der Sonne auf der Haut. Ruhe kehrte ein. Wieder hörte sie die Worte zu sich sprechen. Aus dem Schuldspruch wurde Zuspruch. „Also muss nun alles neu anfangen", dachte sie, „und ich darf mich nicht fürchten. Aber ich darf neu anfangen."

Sie steht auf, um zurückzugehen. Aber sie muss erkennen, dass sie sich verirrt hat. Die Angst greift nach ihr: Ist es zu spät? Gibt es keine Umkehr mehr? Verzweifelt klettert sie weiter. Dann rutscht sie ab, stürzt und klammert sich an den letzten Felsvorsprung, der sie vom Abgrund trennt. Und wieder hört sie diese Stimme, stark und tröstlich: „Denn er hat seinen Engeln befohlen, dass sie dich behüten."

Als sie einen Monat nach Emils Verschwinden erfährt, dass er sich in einem amerikanischen Gefangenenlager befindet, entschließt Alheide sich, ihn zu suchen. Jetzt erst dämmert ihr, wie gefährlich ihm seine SS-Zugehörigkeit werden kann. „Was musste ich unüberlegtes Kalb ihm beim Abschied noch sagen, er dürfe sie nicht leugnen!", schreibt sie, bevor sie sich auf den Weg macht. „Diesem Feind gegenüber ist Lüge keine Schande." Sie ist noch nicht in der Realität angekommen. Zwei Wochen wird sie in Süddeutschland unterwegs sein, bis sie Emil findet. Es wird ein Weg der ersten Ernüchterung und Läuterung für sie. Jetzt erfährt sie sich selbst als eine der Ärmsten und Angewiesensten. Sie kann dem Leid, das der Krieg angerichtet hat, nicht mehr aus dem Weg gehen. „Der Anblick elender Menschen" auf dieser Reise „gab mir immer wieder einen Stich", bekennt sie, als sie drei Jahre später ihre Erinnerungen notiert.

„Du sollst an Deutschlands Zukunft glauben, an deines Volkes Auferstehen", so hatte sie eben noch den nationalistischen Schriftsteller Albert Matthai zitiert,[2] noch immer ohne Demut, und dazu fabuliert: „Herrgott, wenn des deutschen Volkes Zeit erfüllt ist, wenn du in Deinem unerforschlichen Rat gewillt bist, daß es in Blut und Feuer – im Triumph des Irrsinns untergeht, und des Führers stolze Tat dennoch – dennoch nicht besteht ..." Mit Wucht stellt sich Alheide die Tatsache entgegen, dass dieser pathetische Schwulst zur Farce geworden ist, da sie nun als eine unter zahllosen Obdachlosen unter strömendem Regen durch die Trümmer irrt und ans Ende ihrer Kräfte kommt. „Ich wagte fast nicht mehr umherzuschauen. Einmal musste ich eine Frau, die mir entgegenkam, ansehen, ob ich wollte oder nicht. Ihr Blick traf mich wie eine Berührung, und dieser Blick war leuchtend und schmerzlich zugleich und so eindringlich, dass ich im Herzen erschrak. Als wir aneinander vorbeigingen, sagte die Frau halblaut 'Heil Hitler'. Es war ein Gruß und zugleich eine Frage, und mein Fuß stockte einen ganz kurzen Augenblick."

Als Alheide spürt, dass sie sehr geschwächt ist, findet sie den Weg in ein Krankenhaus. Starke Blutungen stellen sich ein. Sie

---

[2] Er nannte das Gedicht „Fichte an jeden Deutschen", weswegen es häufig dem Philosophen Johann Gottlieb Fichte zugeschrieben wurde. Das Gedicht wird offenbar auch heute noch gern von Neonazis zitiert.

verliert das Kind, mit dem sie schwanger war. Es tut ihr aber gut, sich eine Woche lang gut umsorgt pflegen zu lassen, „umgeben von Stille und Sauberkeit, betreut von schweigsamen, freundlichen Schwestern". Ihr Denken und Fühlen beginnt sich zu ordnen. „Vor allem verlor sich der Eindruck, als sei mir ein übergroßes Unglück zugestoßen, das mich berechtigte, mir sehr schlecht behandelt vorzukommen", schreibt sie 1948 aus dem Abstand heraus. „Die Dinge rückten wie von selbst wieder in ihr rechtes Maß." Das Bild an der Wand ihrem Bett gegenüber zeigt eine Vorfrühlingslandschaft bei Sonnenaufgang, weites Land von einem Berg aus gesehen. Darunter steht ein Liedvers: „Der Wolken, Luft und Winden gibt Wege, Lauf und Bahn, der wird auch Wege finden, da dein Fuß gehen kann." „Das war alles einfach und selbstverständlich", erinnert sich Alheide. „Man konnte dabei nicht mit Gott und der Welt hadern, auch mit sich selbst nicht; höchstens konnte man sich vornehmen, das nächste mal besser achtzugeben." Ganz leise klopft der Friede bei ihr an und sie öffnet ihm die Tür.

Alheide erlebt die Not am eigenen Leib und sie erfährt, dass ihr rigides Feindbild bröckelt, weil ihr Menschen, die jetzt das Sagen haben, freundlich und barmherzig als Helfer begegnen. Als sie es wagt, einem von ihnen Emils SS-Zugehörigkeit zu offenbaren, schockiert sie seine Antwort: „Wenn er das angibt, sehen Sie ihn viele Jahre nicht wieder, vielleicht auch nie." Sie versteht es nicht. „Sie haben vermutlich noch nie etwas von Konzentrationslagern gehört", erklärt der Helfer, „und dass da unzählige Menschen misshandelt und ermordet wurden, nur weil sie Juden waren, oder weil sie den Krieg für ein Verbrechen hielten, oder weil sie jemand im Weg waren." Als er ihr zur Scheidung rät, empört sie sich: „Das ist doch alles ganz verrückt!" Entrüstet fragt sie den Helfer, ob er dasselbe auch seiner eigenen Frau empfehlen würde. „Meine Frau ist Jüdin. Ich weiß nicht, ob sie noch lebt", erhält sie zur Antwort. Aus seinen Augen leuchtet glühender Zorn. Alheide flieht. Sie weiß nicht, wie ihr geschieht. Ihre Gedanken rotieren. Es ist ihr, als würde eine namenlose Stimme sie fragen: „Woher willst du denn wissen, dass dein Mann keinen Juden totgeschlagen hat?" Protestierend schreit sie auf und irrt weiter umher. Sie kommt an einer Kirche vorbei, in der jemand redet. Ihr fällt ein, dass Sonntag ist und sie geht hinein, um am Gottesdienst teilzunehmen. Sie will der Predigt zuhören, in der Hoffnung, Trost zu finden, aber es gelingt ihr nicht. Schreckliche Fantasien halten ihre Aufmerksamkeit gefangen. „Erst während des Vaterunsers, das ich mechanisch mitdachte, drang etwas in meinen verwirrten Geist, und das war der Satz 'Dein Wille geschehe'." Sie spürt die „unerhörte Zumutung" dieser Worte, aber sie weiß auch, dass allein darin ihre Zukunft liegt.

Emil wird nach dreimonatiger Haft in die Freiheit entlassen. Alheide ist überglücklich. Jetzt kann das Leben neu beginnen. Doch es hat sich etwas verändert in ihrer Beziehung. Emil scheint es nicht nötig zu haben, eine neue Orientierung für sein Leben zu finden, während sich Alheide bereits mitten im Umbruch befindet. In die Freude über den Neubeginn mit ihrem Mann mischt sich das Bewusstsein dieses Unterschieds: „Kann man sich denn auch lösen aus dem Zusammenbruch einer Idee, der man so verhaftet war? Und doch muss es sein. Es muss sein." Für Alheide ist es eine schwere Geburt. Emil wählt einen anderen Weg.

Beim ersten Besuch in Emils Heimat ein halbes Jahr zuvor entdeckte Alheide seine Zeugnisse, Sportabzeichen „und alle erdenklichen Auszeichnungen": eine „erschütternde Vortrefflichkeit" offenbarte sich ihr, überall war Emil Bester. Emil gibt sich sehr verärgert, als sie ihren Eltern davon erzählt. „Er mag von seiner Vortrefflichkeit nichts wissen, sie 'stinkt ihm'", erklärt Alheide ihnen. Emil trägt einen sehr hohen Leistungsanspruch gegen sich und seine Mitmenschen in sich, den er tief verinnerlicht hat. Wer seinen Selbstwert an die Leistung knüpft, kann sich nicht darüber freuen. Sie ist ihm selbstverständlich als Pflicht und Norm, etwas anderes kommt gar nicht in Frage und verdient nur Verachtung. Als Alheide Blut spendet, gibt es Streit, weil Emil denkt, dadurch würde die Vitalität geschwächt. Sie amüsiert sich darüber. „Er kann einen herrlichen Dickkopf haben und sieht unseren möglichen Dieter – oder Brigitte – schon als schwächliches Kerlchen herumlaufen. Oder Konrad oder Barbara. Das müssen so Leute werden, die schon in der Wiege Schlangen erwürgen, wenn man ihnen eine gibt." Alheide ahnt noch nicht, dass sie mit dieser ironischen Bemerkung nicht übertrieben hat – und was das für ihre gemeinsame Zukunft bedeuten wird.

Ex tenebris

Es ist im Nebel ganz der Sonne Glanz versunken.
Ich seh den Weg nicht
und auch keinen Menschen mehr.
Kein Licht dringt durch, und wär's ein Irrlichtfunken,
kein Ruf dringt durch das dicke Schweigen ringsumher.

Der Nebel ist voll Angst, er nistet in den Haaren,
er drängt sich in die Brust, die ihn nicht atmen kann.
Wie schnelle Wagen ohne Licht und ohne Bremse
fahren wir rasch dahin und kommen furchtbar an.

Wer hat die Macht, den Neben auszubreiten?
Wer löscht die Sonne aus, wer gibt sie wieder frei?
Gott, wenn du bist, zerreiß die Dunkelheiten
und bring das Licht zurück, daß volle Klarheit sei.

II. Schmerz

Der Riss

Aus Alheides Zeit in Obernkirchen 1940 ist eine Notiz erhalten, die eine Erkenntnis zum Ausdruck bringt, die in den Kriegsjahren danach keine Rolle mehr spielte, im Weiteren aber ihr Leben entscheidend prägen sollte. Aus irgendeinem Grund konnte sie nicht an einem Ausflug teilnehmen. Sie nutzte die freie Zeit zu einem „sehr schönen Nachmittag: Ich holte mir die drei kleinen Pastorsmädchen mitsamt dem 2jährigen Bruder und führte sie aus und spielte mit ihnen. Seitdem ich hier bin, war ich noch nicht so glücklich. Ich merke immer mehr, dass ich doch nur einen Beruf mit Kindern haben kann, später." „Später" ist schon bald: Alheide sucht und findet die Erfüllung ihrer Berufung als Mutter.

„Die Hoffnung auf unser Kind, die uns so viel bedeutete, ist einmal vorbei", schreibt sie nach der Fehlgeburt. „Das ist eine Sache, mit der schwer fertig zu werden ist." Dass aber Emil zu ihr steht, tröstet sie sehr: „Er hat sich so gut und ritterlich und liebevoll verhalten wie überhaupt denkbar. Dabei ist es doppelte Enttäuschung für ihn: Dass seine Frau nicht so tapfer und stark ist, wie er sie sah, hat er nun gemerkt. Aber ich glaube, mit diesem Mann könnte ich nun jedes Leid und jede Enttäuschung tragen." In dem Vorsatz, durch die Zeugung einiger Kinder am Wiederaufbau Deutschlands teilzuhaben, fühlt sie sich zutiefst mit ihm verbunden. 1946 bringt sie Ulrich zur Welt, dem bis 1952 drei weitere Geschwister folgen: Barbara, Konrad und Albrecht.

Diese ersten Jahre sind hart, aber auch glücklich. Ihre erste dauerhafte Bleibe ist ein Gut bei Bielefeld, in dem Emil als landwirtschaftlicher Helfer mitarbeiten kann. Alheide ist als junge Mutter in ihrem Element. Die notvollen Lebensumstände verbessern sich allmählich. Sie wechseln nach Ettlingen, weil Emil eine Anstellung als Lateinlehrer in einem Karlsruher Gymnasium erhält. Sie können eine schöne Wohnung beziehen und Alheide bekommt eine Haushaltshilfe. Sie leben sich ein in der neuen Heimat, aber sie leben sich auch auseinander. Daran ist nicht nur der prall gefüllte Alltag beider Ehepartner schuld.

Alheide sucht nach ihrer spirituellen Identität. Sie pflegt Kontakte zu praktizierenden Christen und hält sich zur Kirche. Ihre Vorbehalte gegen die Feindesliebe wandeln sich zum Gegenteil. Als in Kirche und Gesellschaft diskutiert wird, ob Westdeutschland wieder aufgerüstet werden soll, kommt wieder politische Leidenschaft in ihr auf. Aber jetzt gilt sie der Versöhnung und dem Frieden. Ganz anders Emil. Für ihn ist der Krieg zu Ende, nicht jedoch der Kampf für das vergötterte Deutschland. In einem Brief an Alheides Mutter Ende 1945 bezeichnet er sich als Soldat „auch ohne Uniform zu tragen". Für die neuen politischen Akteure hat er nur zynische Verachtung. Unverzeihlich findet er es, „aus irendwelchen nebensächlichen Gründen den geschichtlichen Augenblick angesichts einer zweitausendjährigen und reifen Vergangenheit" nicht erkennen zu wollen. „Und alles, was nicht Deutschland betrifft, ist nebensächlich." Diese verräterische Verkennung der wahren Lage und Bedeutung Deutschlands kennzeichne jene politischen „Figuren". Bei ihrem bloßen Anblick und „beim Anhören ihrer gestammelten Ideologien" sträube sich das Gewissen. Emil bleibt bei seiner Meinung. Noch sieben Jahre später spottet er, wieder in einem Brief an den Schwiegervater: „Vom neuen Südweststaat merkt man nicht viel. Es scheint ja eine Eigenart der Demokratie zu sein, dass, was geschieht, hinterrücks geschieht."

Emil hat Angst vor der Zukunft, weil er denen, die jetzt das Sagen haben, gänzlich misstraut. Als bei seiner Frau ein unklares Herzproblem diagnostiziert und sie deswegen behandelt wird, kommentiert er das süffisant in einem Brief an den Schwiegervater:

„Da mit demokratischen Methoden in der Weltgeschichte noch niemals etwas zu Wege kam, am wenigsten bei Frauen, wende ich diktatorische an. Seit dieser Medizinmann die Krankheit bestätigt hat, macht sie sich erst recht bemerkbar und hat sich offenbar auf den Magen ausgedehnt: Sie isst nicht mehr richtig, sie hungert sozusagen! Man kann die Rippen zählen! Ich habe jetzt nach langen Kämpfen schließlich ein tägliches Ei zum Frühstück angeordnet." Das soll witzig wirken, aber was es offenbart, ist gar nicht lustig: Seine Meinung über die Demokratie, seine Sicht der Frau und seine Skepsis gegen Fachpersonen, die über die Dinge Bescheid wissen, die er selbst nicht versteht. Als dem kleinen Ulrich ein Vitaminpräparat als Vorbeugung gegen Rachitis verschrieben wird, regt er sich darüber auf, weil er es für „Giftzeug" hält. Emils „herrlicher Dickkopf" konkretisiert sich. Alheide stellt sich darauf ein. Sagt nicht auch die Bibel, dass die Frau sich dem Mann unterordnen soll? Emil ist entsetzt, weil Alheide ohne ihn zu fragen ihrem depressiven Bruder Buk die Patenschaft für Ulrich angetragen hat. Sie fügt sich und nimmt es zurück.

In den ersten Jahren kann sie gut mit Emils Eigenarten leben. Dass auch er kleine Kinder liebt und von ihnen geliebt wird, weil er gut mit ihnen umzugehen weiß, macht ihr Freude und Mut für die gemeinsame Zukunft. Allerdings finden sie wenig Muße, um füreinander Zeit zu haben. Emil bleibt seiner Linie als „Arbeitstier" treu, er wirkt mitunter abgehetzt und ist immer wieder gesundheitlich angeschlagen, der Überlastung wegen, vermutet Alheide. Auf der anderen Seite beansprucht das Familienleben die Eltern sehr. Die ersten fünf Jahre ihrer Ehe sind davon dominiert und auch Alheide kommt manchmal an ihre Grenzen. Die finanzielle Lage der Familie bleibt in dieser Zeit angespannt. Aber es geht aufwärts.

Die ersten vier Kinder kommen nach Plan, nur Albrecht, der vierte, sollte eigentlich ein Mädchen werden. Aber wenige Monate nach seiner Geburt schreibt Emil den Schwiegereltern: „Was meine Frau, Eure Tochter, betrifft, so scheint sie noch immer nicht genug zu haben; denn sie versucht partout mir noch ein 5. Balg – dazu ein fremdes – ins Haus zu setzen." Das „5. Balg" ist Annette, erkärt Alheide danach den Eltern, „für die ihre Mutter eine Pflegestelle sucht, da sie wieder arbeiten muss; ich hätte sie sehr gern genommen, aber E. will nicht." Annette ist eine allein erziehende Mutter, um die sich Alheide monatelang bemüht, mit nur bescheidenem Erfolg. Die amtliche Fürsorge, auch die kirchliche, scheint sich des Falls nur bürokratisch anzunehmen. Alheide ist enttäuscht.

1949: Drei Kinder in vier Jahren

Emils Satz, Alheide habe wohl immer noch nicht genug vom Kinderkriegen, liest sich nicht nur ambivalent, er ist es auch. Im Frühjahr des nächsten Jahres dringt ihre Ärztin auf eine Mandeloperation. „Es geht mir schon lange nicht gut", schreibt sie den Eltern, „Herzgeschichten, Übelkeit, Schwäche vor allem". Die Ärztin deutet das zunächst als Symptome der Erschöpfung und vermutet darüber hinaus ein psychisches Problem. „Aber jetzt sind schlechte Mandeln festgestellt worden, die sollen dringend raus. Ich müsste dann für zehn Tage ins Krankenhaus; und das ist im Augenblick einfach nicht möglich." Im Juni geht sie dann aber dennoch freiwillig in die Klinik. Die Mandeln werden entfernt, doch das ist nicht ihr einziges Problem. Übelkeit und Schwäche haben einen anderen Grund: Sie ist wieder schwanger, im dritten Monat.

Am Tag vor ihrer Entlassung sitzt Alheide auf einer Bank im Klinikgelände. Die Stationsschwester gesellt sich zu ihr. Ihr war aufgefallen, dass die Patientin in dem Aufklärungsformular zur Operation dort, wo auf die Gefahr einer Fehlgeburt hingewiesen wurde, vermerkt hatte: „Diese mögliche Folge würde mich gar nicht unglücklich machen." Die Schwester machte sich Gedanken darüber, weil der Satz nicht zum Eindruck passen wollte, den sie sonst von der Patientin hatte. Sie nutzt die Gelegenheit, um sie darauf anzsprechen. Alheide hat diese Episode danach in eine Kurzgeschichte gefasst. Sich selbst stellt sie darin anonym in der dritten Person dar.

> „Was schauen Sie wieder traurig aus." Die Frau sah sie an und lächelte ein wenig. „Wenn man zuviel Zeit hat, kommen dumme Gedanken", sagte sie. „Es wird Zeit, dass ich wieder heimkomme." Die Schwester sah sie unschlüssig an. „Ich habe schon gedacht" – begann sie zögernd; dann auf den fragenden Blick der anderen: „Ob Sie wohl traurig sind, dass Sie Ihre Unterschrift umsonst gaben?"

Alheide schweigt und weint. Sie ärgert sich über ihre Tränen. Auch ein zehntes Kind würde sie noch gern annehmen. Aber warum dann die Traurigkeit?

> „Ach – ich habe ja nicht nur mit meinen Kindern zu leben." „Na", fährt es der Schwester heraus, „allein bekommen Sie doch auch Ihre Kinder nicht!"

Sie diskutieren über die Frage, „so etwas wieder 'in Ordnung' zu bringen." Die Schwester erinnert an das Gebot „Du sollst nicht töten". Alheide ist sich nicht sicher:

> *„Ja, du sollst nicht töten. Aber das muss ausgelegt werden, denn so wie es da steht, dürfte man keine Fliege töten und ganz gewiss nicht in den Krieg ziehen. Und wenn es Ausnahmen gibt, warum sollte unser Fall dann nicht auch eine sein?" „Er macht es sich ja nicht leicht", fuhr sie wie im Selbstgespräch fort. „Es geht nicht um unser Wohlleben; er macht sich Sorgen um die vier, die da sind; sie scheinen ihm schon zu viel für unsere Kräfte in dieser Zeit; auch um meine Gesundheit hat er Angst. Er hat einfach Angst vor der Zukunft. Und meine Art von Gottvertrauen ärgert ihn sehr; es erscheint ihm als ein feiger und fauler Fatalismus. Als ob ich dabei die Hände in den Schoß legen wollte!"*

Die Schwester fragt, ob es Menschen gibt, die Alheide seelsorgerlich begleiten. Ihre Ärztin, antwort Alheide zögernd, aber die ist katholisch

> *„und hat von daher klare Weisung. Die haben's gut! Müssen sich nicht quälen um Recht oder Unrecht, sie kriegen's gesagt".*

Sonst niemand? will die Schwester wissen.

> *„Doch, zu einem Pfarrer hat mich mein Mann geschickt. Denn er meint, auf einen Pfarrer tät ich noch am ehesten hören in meinem religiösen Fanatismus. Und der hat zwar nicht gesagt, ich soll nachgeben, aber er hat meine Sicherheit und mein gutes Gewissen erschüttert mit der Frage, ob ich nicht vielleicht mehr Wert darauf legte, Recht zu behalten als darauf, Gottes Willen zu erkennen und zu tun. Und ob mir meines Mannes Not und Selbstquälerei nicht etwas*

zu gleichgültig seien. Jedenfalls hält er nicht für ausgeschlossen, dass für mich das Nachgeben als eine Art Opfer des eigenen Willens das Richtige und von Gott gewollt sei." „*Komischer Pfarrer"*, brummte die Schwester. „*Oh nein, ich verstehe ihn schon. Er arbeitet nämlich in der Fürsorge. Und da sieht er ja auf Schritt und Tritt, wie viele Menschen bedenkenlos Kinder in die Welt setzen, die sie auch nicht annähernd ordentlich aufziehen können. Und wie viel Jammer davon kommt. Und da sieht er die Dinge wohl anders an als ein Ethiker oder ein Moralist."* „*Aber das ist doch bei Ihnen ganz anders. Und sind denn fünf oder sechs so ein großer Unterschied?"* „*Für mich nicht, Schwester. Obwohl – wem fünf zuviel werden, der wird mit sechsen nicht besser fertig. Aber wenn ich erst wieder ganz gesund bin – deshalb habe ich ja auch diese Operation durchgesetzt – dann traue ich mir alles zu, was verlangt wird. Aber darum geht es ja nicht, sondern um das Gehorchen! Und um diese schreckliche Ungewissheit: gehorche ich nun Gott, indem ich meinem Mann zuliebe nachgebe, oder gerade nicht?"* „*Jedenfalls verstehe ich jetzt gut"*, sagte die Schwester, „*dass Sie eine Art Hoffnung auf die Operation setzten. Sie hätte Ihnen die Entscheidung sparen können."* „*Ja, genau so. Deshalb dachte ich mir auch von Anfang an, dass alles glatt geht; es wäre anders wohl zu bequem gewesen. Aber ebenso bequem käme es mir vor, jetzt zu sagen: Sieh da, das Schicksal bestätigt die Richtigkeit meiner Haltung."* „*Hören Sie"*, sagte die Schwester kopfschüttelnd, „*Sie fragen da immer nach Gottes Willen – wie denken Sie sich denn seine Antwort?"* „*Wie gern – wie gern würde ich einfach meine Arbeit tun und das, was kommt, als mein Schicksal annehmen! Aber den Vorwurf, so mache man sich das Leben leicht auf Kosten seiner Mitmenschen, den kann man nicht einfach beiseite schieben. Das würde dem Gebot widersprechen, dass man seinen Nächsten lieben soll wie sich selbst."*

Zurück im Zimmer „besuchte sie ein Lied. Es kam gleichsam durch die geschlossene Tür herein und an ihr Bett wie etwas Körperliches, und jetzt berührte es sie und ging in sie ein, und sie faltete ihre Hände unter der Decke und sprach es nach:

> *„Herr, in deine Hände*
> *gebe ich mich ganz und gar.*
> *Führ' zu gutem Ende,*
> *mach du das Verwirrte klar.*
> *Sieh, mein Tun und Lassen*
> *kann ich nicht allein regier'n,*
> *müsste mich gar hassen,*
> *sollt ich selbst mein Leben führ'n;*
> *denn der Drang zum Rechten*
> *ist gering in mir und schwach*
> *und dem Hang zum Schlechten*
> *geb ich immer wieder nach.*
> *Aber deine Stärke*
> *kann auch in mir mächtig sein,*
> *und auch meine Werke*
> *werden hell von deinem Schein.*

Das Lied ging noch weiter; aber sie folgte ihm nicht mehr. Die eine Zeile 'Aber deine Stärke' wiederholte sie ein paar Mal. Plötzlich richtete sie sich auf und sprach die Worte noch einmal halblaut, streckte sich wieder aus und sagte: „Alsdann – amen."

Danach geht es Alheide besser und sie kann sich auch zu dieser Schwangerschaft bekennen. Aber in das Verhältnis zu Emil ist ein Riss gekommen.

Für die Entbindung fährt sie zu den Eltern. Kurz vor Weihnachten, drei Tage vor ihrem 31. Geburtstag, kommt Gertrud zur Welt. Alheide widmet ihr zur Ankunft dieses Gedicht:

Kind, das die Augen
zu mir aufgeschlagen hat,
wo kommst du her?
War auch die Traurigkeit,
die dich getragen hat,
dir nicht zu schwer?

Auf deiner Kinderstirn
glänzet das Weihnachtslicht,
zitternder Schein.
Kleines Kind, Menschenkind,
weißt deine Heimat nicht,
bist nicht allein.

Kommst doch aus Gottes Hand,
ob du es gleich nicht weißt,
kommst in das Leid.
Seine Hand hält dich, Kind,
weil er dir Vater heißt
in Ewigkeit.

Albrecht

Der Riss zwischen den Ehepartnern schwächt die Tragfähigkeit der ganzen Familie. Wenn die Belastung für das familiäre Gesamtsystem dann noch zunimmt, bricht es irgendwann an der schwächsten Stelle ein. Das schwächste Glied im Gefüge der Familie Siess ist Albrecht.

Albrechts „Schwäche" ist seine hohe Sensibilität und seine starke Emotionalität. Beides macht sich schon bald bemerkbar und drückt auf die ohnehin schon belastete Ehebeziehung. „Albrecht ist ein furchtbares Untier zur Zeit; täglich passiert etwas Neues", seufzt Alheide kurz vor der Mandeloperation über ihren Einjährigen, der sich mit Macht die Welt erschließt. „Bei aller Energie" sei er aber doch auch „ein furchtsames Häschen", bemerkt sie ein paar Wochen später.

Albrecht entwickelt zunächst ein enges Verhältnis zu seinem Vater. Das wird ihm zum Problem, als er spürt, dessen Ansprüchen nicht zu genügen. Zuhause ist er nicht artig genug und in der Schule ist er nicht gut genug. Emil versucht mit Strenge, ihn seinem Idealbild anzupassen und treibt ihn dadurch in Verzweiflung und Widerstand. „Er war mal wieder recht bös," schreibt Alheide in ihr Tagebuch über den Fünfjährigen, „hat Schläge bekommen und weint bitterlich: 'Ich will ja gar nicht bös sein, aber das sagt mir immer der Teufel, und dann muß ich es tun – der ist doch viel stärker als ich!'" Sie begleitet den Weg ihres Sorgenkinds mit wachsendem Mitgefühl. In mancher Hinsicht spiegelt sich in seiner Not ihre eigene. „Leidenschaftlich kann Albrecht sich aufbäumen gegen jede Autorität. Manchmal schüttelt ihn die Wut, daß er fast nichts mehr von sich weiß. Dabei hat er starke moralische Maßstäbe in sich und ist oft ganz verzweifelt über sich selbst." Großer Freiheitsdrang und hoher moralischer Anspruch kennzeichnen auch Alheides eigenen Charakter.

Schon früh hat Albrecht große Mühe, sich selbst anzunehmen. Als die Mutter einmal ihren Kindern erklärt, dass man sich über die eigenen Vorzüge ruhig freuen dürfe, solange man nicht andere deshalb verachte, strahlt Konrad, der nächst ältere Bruder: „Ja, ich freue mich oft über meine Schönheit!" „Und ich ärgere mich oft über meine Blödheit", antwortet Albrecht traurig.

Es wird nicht besser. „Mutter, wenn du nicht wärst, täte es mir auf der Welt garnicht gefallen," bekennt er als Achtjähriger. „Dir kann man all sein Leid klagen." „Hast du denn so oft Leid?", will die Mutter wissen. „Immer!"

Albrechts Leid ist die deprimierende Wechselwirkung aus hoher Empfindsamkeit und darum auch leichter Kränkbarkeit, hohem Selbstanspruch, hoher Emotionalität, hohem moralischem und schulischem Leistungsdruck von außen, sowie der sensiblen Wahrnehmung, dass sich die Eltern nicht einig sind und der Sorge, selbst dafür verantwortlich zu sein. Seine verzweifelten Reaktionen darauf haben wiederum zur Folge, dass es auch die Mitmenschen nicht leicht haben, mit ihm umzugehen, woraus wiederum hervorgeht, dass er sich fremd und lästig fühlt und sich in seine Eigenwelt zurückzieht.

Immer neu erfährt Albrecht, dass er der Norm seines Vaters nicht genügt. „Wenn ich mal groß bin und hab mir ein Haus gebaut und es fehlen noch drei Ziegel, dann kommt bestimmt der Vater und sagt, ich darf mir kein Haus bauen", klagt der Achtjährige bitter.

Albrechts weiches Herz bleibt ohne rauhe Schale. Alheide nimmt es wahr und leidet mit. Er ist nicht nur seelisch sehr verletzlich, sondern auch sehr einfühlsam. Leid und Unrecht bedrücken ihn, gleich ob er aus den Nachrichten davon erfährt oder ob es Menschen seines unmittelbaren Umfelds betrifft. „Alles Hilfsbedürftige kann auf seine Anteilnahme rechnen", notiert die Mutter in ihrem Tagebuch. Mit Achtung erkennt sie, dass sich Albrechts

Drang, die Welt zu verbessern, zunehmend mit der für seine jungen Jahre reifen Einsicht verbindet, „daß er bei sich selber beginnen muß mit dem Bessern".

Albrecht als 14jähriger

Als Albrecht im Gymnasium sitzen bleibt, ist das Schlimmste daran für ihn, „den Eltern Kummer zu machen! Er war nicht mehr trotzig oder aufsässig", berichtet die Mutter, „aber sehr traurig und mutlos. Er wollte es ja gern noch einmal versuchen, aber nicht in seiner alten Schule, so sehr schämte er sich; und so kam er auf ein Internat in der Nachbarstadt. Zuerst hatte er großes Heimweh, das er aber tapfer bekämpfte." Als er in den Ferien nach Hause kommt, scheint es Alheide so, als sei er auf dem besten Weg, sich zu stabilisieren. Auf einem Spaziergang teilt er ihr seine vernünftigen Zukunftspläne mit. Völlig unvermutet stirbt Albrecht wenige Tage danach. Mitten aus dem unbeschwerten Spiel mit den Geschwistern heraus legt er sich eine Schnur um den Hals. Die Schlinge zieht sich tödlich zu.

Niemand weiß, ob es der tragische Ausgang einer leichtsinnigen Spielerei war oder bewusster Suizid.

Haiku

I

Ein Wurm in der Frucht
hatte reichliche Nahrung
fand sich geborgen.

Ein Vogel im Gras
hat ein Würmlein gefunden
das hat sich gekrümmt.

Ein Vogel im Netz
hat die nutzlosen Flügel
zusammengelegt.

II

Kind in der Wiese
spielte mit dem Funkelstein
den es im Bach fand.

Kind in der Schule
suchte nach dem Funkelstein
fand ihn verdunkelt.

Kind in der Schule
hat die nutzlosen Flügel
zusammengelegt.

Einsamkeit

Tagebucheinträge

10.1.90 – Albrecht wäre heute 38 Jahre! Ich habe keinen Menschen. Aber ich habe Dich Herr, und das ist genug.

16.12.92 – Manchmal denke ich, kein Mensch sollte so einsam sein, wie ich es bin.

Nicht erst seit Albrechts Tod macht Alheide die paradoxe Erfahrung, in Gemeinschaft einsam zu sein. 1960, als sie schon acht Kinder zur Welt gebracht hat, fasst sie es in ein Gedicht:

Durchwachte Nacht

Das Käuzchen schreit. Sonst ist kein Ton.
Ich kann nicht schlafen diese Nacht.
Was hält mich wach? Ich bin nicht krank.
Ich möchte gern mit jemand reden.

Das Käuzchen klagt. Sehnst du dich auch?
Will dich dein Weibchen nicht erhören?
Mein Liebster hört mich nicht. Er schläft.
Ich möchte ihm so vieles sagen.

Das Käuzchen schweigt. Nur rauscht der Wald.
Bald tönt der erste Hahnenschrei:
Im Fenster wird der Himmel grau.
Ich möchte schlafen oder weinen.

Über Emil macht sich Alheide keine Illusionen mehr. Ihre anfängliche Hoffnung, dass vollends aus dem Stein ein Mensch würde, hat sich nicht erfüllt. Sie weiß ihn zu schätzen, aber sie weiß sich nicht von ihm geliebt. Er ist ihr fremd geblieben und noch fremder geworden.

Fremde

Dem Menschen ist der andre Mensch
ein Fremder.
Gar feindlich muß der Nächste
oft mir scheinen
und fremd und feindlich
selbst erschein ich ihm.
Kein Wollen kann,
kein Sehnen dieses ändern:
Ein Mensch wird nie
dem Menschen Rettung bringen,
und schiene es in einer Sternenstunde
doch möglich, umso tiefer wär der Sturz.
Denn unabwendbar
ist der einzelne
gefangen in sich selbst,
und niemand kann –
und stünde er in Flammen –
sich befreien.
Doch wer erkennt dies
und erträgt das Leben?

Ernüchterung und Demütigung setzen sich fort und vertiefen sich. Als 1962 Gudrun als letztes der neun Kinder geboren ist, formt Alheide diese Verse als Willkommensgruß:

Kindlein unter meiner Hand,
grad noch eins mit mir –
seltsam fern und abgewandt
liegst du neben mir.

Fürchtest du dich nicht allein?
Oder weißt du nicht?
Du bist erst so hilflos klein,
größer bin ich nicht.

Nicht von mir kommt Schutz für dich,
von mir keine Kraft.
Habe keine. Bitterlich
fehlt, was Frieden schafft.

Diese tiefe Traurigkeit
nimmt kein Lächeln fort:
unabwendbar Not und Streit
und der Mut verdorrt.

Hör es, Kindlein, höre mich:
nimmermehr vergiß,
daß kein blinder Zufall dich
in das Leben riß.

Nur im Dienst, als Auftrag nur
ist es zu bestehn,
willst du ohne Ziel und Spur
nicht im Öden gehn.

Alheide hat ihre Grenzen erkannt. Die Gewichte haben sich verschoben. Sie hat verstanden, dass sie ihr eigenes Leben „nur im Dienst, als Auftrag nur" bestehen kann. Andernfalls wird sie die Bitterkeit der Einsamkeit nicht verkraften. Diese Gewissheit vertieft sich noch sehr durch den Verlust ihres Albrechts.

Die schwere Traurigkeit der Einsamkeit dringt immer wieder neu aus drei Quellen in Alheides Leben ein: Neben der Einsamkeit in ihrer Ehe ist es die Einsamkeit des Unverstandenseins als Christ unter Christen und die Einsamkeit als Fremde in einer Welt, die keine Rücksicht auf das Schwache, Schutzbedürftige nimmt und sich dadurch selbst zerstört.

Alheides selbst gemachter Glaube ist zerbrochen. Sie fühlt sich nicht mehr stark und überlegen. Sie tritt nicht mehr als Wissende auf, sondern als Suchende und Fragende. Sie hat verstanden, dass sie Gott nicht finden wird, wenn sie Vorentscheidungen trifft, wie er zu sein und wie er ihr zu begegnen hat. Sie ist darauf angewiesen, dass Gott selbst sich ihr zuneigt und so zu ihr spricht, dass die Zweifel zur Ruhe kommen.

Aus dieser Haltung folgt konfessionelle Aufgeschlossenheit. Das bringt sie einerseits in Kontakt zu Christen unterschiedlicher Glaubensrichtungen, andererseits aber auch in Konflikt mit der geistigen Enge, auf die sie dort immer wieder stößt. Ihre Fragen und Einwürfe, die sie den Andern nicht vorenthält, gleich ob Christen oder Nichtchristen, machen sie zur Außenseiterin. „Herr, lieber Herr", betet sie, „wenn Du mich zwischen alle Fronten stellst und zwischen alle Stühle setzt, dann weißt Du, was Du tust, und ich muss es nicht wissen. Ich verstehe Dich nicht, aber ich vertraue Dir."

Mit wachsender Leidenschaft engagiert sie sich für das, was ihr zur Überzeugung wurde. Darum kann sie aus den Enttäuschungen mit anderen Christen nicht einfach den Schluss ziehen, sich aus der Gemeinschaft mit ihnen zurückzuziehen. Aber wirklich zuhause fühlt sie sich in keiner Gruppierung. „Ich gehöre zu beiden und gehöre zu beiden nicht", überlegt sie, als der Termin mit einer kirchlichen Initiative sich mit dem einer evangelikalen überschneidet. „Dir, Herr, gehöre ich. Und nichts anderes will ich als Dich erkennen – auf Dich hören – Dir gehorchen."

Viele Christen, die sie in Ökumene, Frauenarbeit und Friedensbewegung kennenlernt, reagieren distanziert, wenn sie vom Heiligen Geist und persönlichen Gotteserfahrungen spricht. Das tut ihr weh, weil sie sich nicht verstanden fühlt. „Sie können und sie wollen nicht verstehen, dass unser Kampf nichts bringen kann, wenn wir aus eigener Kraft kämpfen", schreibt sie traurig nach einer ökumenischen Tagung. „Sie wollen von dem Geist Gottes nichts hören, weil dieser Name so furchtbar missbraucht wird; aber wir *können* doch nichts tun ohne Ihn! Sie sind wie Kinder, die ihren Vater verlassen, weil er auch den Bruder liebt, mit dem sie nicht zurechtkommen."

Viele andere Christen, mit denen sie verkehrt, pflegen ein biblizistisches Glaubensverständnis. Alheide empfängt viel Gutes von ihnen und weiß sie zu schätzen. Aber sie verweigert sich den „Gitterstäben" solchen Glaubens:

> So ist das nicht,
> daß diese nicht mehr fragten.
> Doch ist die Antwort so berechenbar.
> Das Buch der Bücher kann zum Fetisch werden
> und selbst der Glaube Gitterstäbe haben.
> Sprach nicht der Herr:
> Die Wahrheit macht euch frei?
>
> Es ist kein Fortschritt,
> wenn die Zweifel schweigen.

Das Schlimmste ist für Alheide aber, dass auch bei Emil der Zweifel zu schweigen scheint. Er verschließt sich dem eigenen Fortschritt und dem der Welt. Er teilt Alheides spirituelle Sehnsucht nicht und empfindet ihre Christusgläubigkeit als Verrat. Auf ihr zunehmendes kirchliches Engagement reagiert er mit Eifersucht und Spott. Ihre wachsende Eigenständigkeit beantwortet er mit wachsender Verdrießlichkeit. Er will der Herr im Haus sein und seine Frau soll sich ihm fügen. „Das hat uns beiden, und unseren Kindern, das Leben sehr schwer gemacht", fasst Alheide im Rückblick zusammen.

„Ich kann ihm gar nichts recht machen", schreibt sie nach 40 Jahren Ehe in ihr Tagebuch. „Emil sieht überall Kommunismus und Bedrohung." „Was ist Emil doch für ein gemeinschaftsunfähiger Mensch. Man kann ihm nur folgen – oder weggehen." Wenn Alheide Reisen unternimmt, ist ihr Mann „entsetzt", vor allem dann, wenn es sich um kirchliche Unternehmungen handelt, was meist der Fall ist. Wenn hingegen Emil selbst verreist, ist Alheide sehr erleichtert. Darauf wiederum reagiert sie mit Gewissensbissen. „Lasse ich ihn damit im Stich? Ich bete für ihn, ich versuche ihn zu segnen – es dringt nichts durch, als wäre da etwas wie eine Nebelwand."

Als Emil 1985 auf einer gemeinsamen Ägäiskreuzfahrt krank wird und darum auf Alheides Hilfe angewiesen ist, erlebt sie ihn „schrecklich unfreundlich. Dabei hatten wir es so schön auf unserer Kreuzfahrt, aber Dankbarkeit kennt er ja nicht – er musste sich auch da nur immerzu ärgern, über alles Mögliche." Mit Kindern und Freunden erfährt sie beglückende Gemeinschaft, mit Emil bedrückende Einsamkeit. Nach dem Ende des Jahres notiert sie neu enttäuscht und knapp: „Die turbulente Weihnachtszeit ist überstanden (fünf Argentinier und zwei Töchter und drei Kinderfamilien waren zu Besuch). Und das völlig einsame Silvester auch. – E. vorm Fernseher." Es bleibt so. „Wieder bin ich allein", vertraut sie am Altjahresabend 1998 ihrem Tagebuch an, „E. vorm Fernseher." „Seine negativen Kommentare zu allem, was geschieht, sind sehr schwer zu ertragen und ich gehe ihm so viel wie möglich aus dem Weg", notiert sie, als das Jahr 2001 begonnen hat, das vorletzte in Emils Leben. „Dabei will er mich immer zum Fernsehen verführen. Manchmal gucke ich dann einen Krimi mit an, offenbar liegt ihm doch an meiner Gegenwart, warum muss er dann nur so unfreundlich sein? Als ob Freundlichkeit weh täte und Wehtun ein Genuss sei."

Bis zum Ende seines Lebens gelingt es Emil nicht, Schwäche zuzulassen und zuzugeben. Um sich davor zu schützen, tut er selbst bei den größten Problemen so, als wäre nichts; er verschanzt sich hinter einer Mauer von Leugnung, Härte gegen sich selbst und Aggression.

Als er auf die 75 zu geht, stellen sich schwere Gesundheitsprobleme bei ihm ein. Sie beginnen mit einem Herzinfarkt. „Es kam nicht aus heiterem Himmel", teilt Alheide ihrem Tagebuch mit, „er hat lange die Signale seines Körpers missachtet und geglaubt, mit Willenskraft seine zunehmende Schwäche meistern zu können. Ich habe mich sehr zurückgehalten wegen seiner aggressiven Abwehr jeder Fürsorge, die er als besserwisserisch und bevormundend empfand." Je schwächer er objektiv wird, desto aggressiver, misstrauischer und feindseliger verhält er sich seiner Umwelt gegenüber. Als er wieder zu Hause ist und an Brechdurchfall erkrankt, seufzt Alheide: „Für ihn eine bedrückende Lage, aber helfen lässt er sich nicht, nicht von mir. Das macht die Lage auch für mich sehr schwer." Dann folgt eine Bypassoperation. Ein halbes Jahr danach hat er wieder einen Herzinfarkt. Emil überlebt die Krise, erholt sich und „lebt, wenn auch eingeschränkt, sein altes Leben, die Krankheit hat ihn nicht verändert", wie Alheide traurig feststellt. Zwei Jahre später bekommt er eine neue Hüfte. Sein Herz kommt gut mit der Operation zurecht, aber „von Dankbarkeit will er nichts wissen."

Alheide spürt, wie schwer ihr Mann es hat, und leidet mit. Sie weiß um seine verletzliche und verletzte Seele hinter der harten Mauer und übt sich in Geduld. So sehr es sie entlastet, zwischenzeitlich durch Reisen und Klinikaufenthalte von ihm getrennt zu sein, gibt sie Emil doch nicht auf und versucht immer wieder, liebevolle Akzente zu setzen. Manchmal dringt ein Echo durch die Mauerritzen: trotz allem so etwas wie Zuneigung.

Ein Jahrzehnt danach, im Jahr 2001, resümiert Alheide: „Das Zusammenleben mit Emil ist fast unerträglich geworden." Trotzdem hofft sie weiter, „wie Petrus, der im Wasser paddelt, aber doch schon an Jesu Hand." Die Zeichen mehren sich, dass Emil bald noch stärker auf fremde Hilfe angewiesen sein wird. Ihm graut davor, ein „Pflegefall" zu werden. Es kommt nicht dazu. Im nächsten Jahr stirbt er friedlich im Schlaf. Alheides Erleichterung ist so groß wie ihre Gewissheit, dass Gott ihn in seine Arme nahm „wie eine Mutter ihr ängstliches Kind."

Alheide ist des Lebens müde. Sie glaubt, auch für sie selbst sei es nun genug und ist sich sicher, bald sterben zu dürfen: „Ich war so überzeugt davon, dass ich nun heimkehren dürfte in die Ruhe, nach der ich mich so sehnte – ins Licht, das ich seit Albrechts Tod als meine Heimat empfand." Das hatte aber zur Folge, dass sie kaum noch Sinn in ihrem Dasein sah und sich isolierte. Als sie nach weiteren zehn Jahren zurückblickt, erkennt sie darum „einen sehr großen Fehler" darin. Trotzdem bleibt die Todessehnsucht stark. Mitunter fühlt sie sich der „Anderwelt", wie sie zu sagen pflegt, „die bei Bonhoeffer den Namen trägt 'die Welt, die unsichtbar sich um uns weitet', näher als dem Diesseits." Das empfindet sie als „eine neue, zeitweise sehr intensive spirituelle Beziehung zu Gott, über die ich nicht viel schreiben kann – es fehlen die Worte dafür." In dieser Phase wird sie sich eines neuen Auftrags bewusst. Es ist, schreibt sie 2012 in jenem Rückblick, „die Aufgabe meines hohen Alters, der ich mich nicht verweigern kann noch will: Gottes tiefe Traurigkeit über die Selbstzerstörung Seiner Schöpfung wahrzunehmen und Bonhoeffers Erkenntnis aufzunehmen und weiterzugeben: 'Christen stehen bei Gott in Seinem Leiden.'" Das Leiden ihrer Einsamkeit hat sich zum Mitleiden an der Einsamkeit Gottes unter seinen Menschen gewandelt.

> Gott lässt uns seine tiefe Traurigkeit spüren.
> Was die Menschheit Ihm antut
> durch die Missachtung Seiner guten Gebote,
> das ist viel schlimmer als alles,
> was sie sich selber antut.

> Aber Er! Wer sich Ihm *nicht* verweigert,
> wer Ihn erkennt als die große unendliche Liebe,
> die selber leidet –
> dieser Mensch wird von Ihm umschlossen
> als Sein Kind und Gehilfe –
> als das Geschöpf, das Er gemeint hat,
> als Er den Menschen erschaffen.

Kassandra

1984 besucht Alheide ein Literaturseminar über den ein Jahr zuvor veröffentlichten Roman „Kassandra" von Christa Wolf. Die Seherin Kassandra aus dem griechischen Troja-Mythos ist in diesem Buch Symbolgestalt der intuitiv empfindenden Frau als Glied eines patriarchalischen Establishments, das die akut drohende Katastrophe des Untergangs ignoriert. Kassandra emanzipiert sich, aber das System tut ihr Gewalt an und bringt sie um. Alheide hält in ihrem Tagebuch fest, dass sie aus zwei Gründen gegen die Auslegung der Referentin protestiert habe: Erstens sei der metaphysische Bezug Kassandras unterschlagen worden, „was für mich doch den Schlüssel zum Verständnis der ganzen Erzählung bedeutet." Kassandra war nämlich von Apoll, dem Gott der Weisheit und der Kunst, zur Seherin gemacht worden, da sie aber auf sein Liebeswerben nicht eingehen wollte, bestrafte er sie mit dem Fluch, dass man ihren Prophezeiungen nicht glauben würde. Zweitens erhob Alheide gegen die Schlussfolgerung aus der Geschichte Einspruch: „Absolutes Scheitern als höchstes Lebensziel, wenn man nur sich selber treu bleibt. Und das dann als Vorbild für unsere Zeit! Ich habe heftig widersprochen, wurde wieder als pietistisch missverstanden und fühlte wahrhaftig mit Kassandra! Aber ich fuhr ab mit dem Gefühl, nichts Schlechtes, sondern etwas Notwendiges erlebt zu haben. Vielleicht war es so."

Diese „Notwendigkeit" liegt wohl in der aufleuchtenden Erkenntnis, dass sie selbst eine Kassandra ist. Die ehemals Verblendete ist Seherin geworden: Sie sieht, was andere nicht sehen können oder wollen. Aber sie war auch nicht entschieden auf das „Liebeswerben Apolls" eingegangen: Ihre dichterische und schriftstellerische Begabung konnte sich nicht so entfalten, dass sie der prophetischen Berufung Flügel verliehen hätte. Darum konnte sie sich nur so schwer verständlich machen und musste so viel Ablehnung und Ignoranz erfahren. Das ist ein wesentlicher Grund ihrer Einsamkeit.

In einem ihrer Gedichte bekennt Alheide:

> In unsre Hand ist unser Los gegeben!
> Wir selbst entscheiden über unser Leben
> und sei es noch so unabänderlich!
> Die Frage ist: Wem unterwirfst du dich?

Sie hatte sich einem Andern unterworfen, dem Geist der Diktatur mit seinen falschen Propheten, dem Feind der schöpferischen Freiheit. Es ist bezeichnend, wogegen ihr Protest sich nunmehr richtet: Gegen die Unterschlagung der metaphysischen Begründung des Kassandramythos und die Schlussfolgerung, Prinzipientreue sei wichtiger als die Veränderung sozialer Verhältnisse und somit standhafter Untergang ein Selbstzweck. Beiden Irrtümern war sie als Jugendliche erlegen. Den freien Geist ihres christlichen Glaubens hatte sie „Blut und Boden" untergeordnet: das „deutsche Volk" war ihr zum Maß aller Dinge geworden. Dem Prinzip der Treue gegen dieses „Volk" und seinen „Führer" auf Gedeih und Verderb zu folgen wurde ihr einziger Lebenssinn; im Untergang des „Volkes" selbst zu sterben schien ihr selbstverständliche und selbstzweckliche heroische Pflicht zu sein. Für diese verhängnisvollen Irrtümer sind ihr die Augen aufgegangen, und wo immer ihr auch nur ansatzweise Ähnliches begegnet, sieht sie sich zu leidenschaftlichem Widerspruch genötigt und berufen. Aber ihrem Widerspruch haftet die Tragik der Kassandra an.

„Ich versuche, nicht zu murren über Gottes Führung", schreibt sie unter dem Eindruck von Emils Unfreundlichkeiten, „aber oft bin ich sehr bedrückt. Das Leben, das ich führe, ist mir tief zuwider, und ich kann es nicht verstehen: warum weckt Er mein Gewissen und gibt mir aber keine Chance, etwas zu ändern?" Sie erlebt, wie beschränkt ihre Möglichkeiten sind, das, was sie sieht, denen zu vermitteln, die es noch nicht sehen. Sie fühlt sich ohnmächtig und findet nur darin Trost, dass Gott ihr zusagt: „Meine Kraft ist in dem Schwachen mächtig."

In den 80er Jahren öffnet sich Alheide der charismatischen „Geist-lichen Gemeine-Erneuerung" (GGE). Dort erlebt sie authentisch für sich persönlich, was sie in Kirche und Pietismus vermisste: die tröstende und heilende Unmittelbarkeit überzeugender spiritueller Erfahrung. Aber auch jetzt bleibt sie fremd in der Gemeinschaft. Sie findet neue Freunde unter den Charismatikern und bezeugt, wie gut ihr das tut – „obwohl sie niemals eingehen konnten auf das, was ich ihnen mitzuteilen versuchte." Sie fragt sich, woher das kommt. „Ich weiß bis heute nicht, ob meine geistliche Einsamkeit gottgewollt ist oder selbstverschuldet", notiert sie nach einem gro-ßen Kongress der GGE mit einem ihrer Star-Prediger, der ihr „viel zu fanatisch" predigte „und doch vom Geist Gottes inspiriert – das spürte ich ja." Sie empfindet tiefste Traurigkeit. Hier schon wird ihr bewusst, dass es die Traurigkeit des Mit-Leidens an Gottes Traurig-keit ist, die ihr fast 30 Jahre danach neu als Aufgabe ihres „hohen Alters" begegnet. Diese Erkenntnis tröstet sie zutiefst. Sie fühlt sich von Gott selbst ernst genommen und angenommen.

Das Mit-Genommensein von der Traurigkeit Gottes über die Welt treibt Alheide nicht nur zum Reden und Schreiben, sondern vor allem auch zur Tat. Sie ahnt, dass ihr Gebet, Gott möge die bru-talen Unrechtsverhältnisse in der Welt durch ein deutliches Ein-greifen beseitigen, aus gutem Grund keine Erhörung findet. Dem Gott, an den sie glaubt, widerstrebt es, seinen Willen *gegen* den Willen der Menschen durchzusetzen. „Das wollte ich nie", hört sie ihn sagen, und „wenn es sein muss, wird es furchtbar." Sie weiß sich in die Verantwortung gestellt, aus freier Verantwortung selbst nach dem Willen Gottes Veränderung zu erwirken. Aber auch darin fühlt sie sich hilflos.

Die Teilhabe an der Einsamkeit Gottes erlebt Alheide in vielen schmerzlichen Fremdheitserfahrungen bei allen christlichen Kreisen, in denen sie sich engagiert, den Charismatikern wie den Pietisten und Evangelikalen, der Amtskirche und der Friedensbe-wegung. Ihre Kassandrarufe verhallen meist ungehört und bewirken Distanzierung. Einerseits weiß sie sich ihnen allen durch den Christusglauben tief verbunden. Andererseits bleibt sie überall eine Außenseiterin, der man nicht recht trauen will, weil das, was sie zu sagen hat, so sperrig anders ist als die Diktate der Konformität verlangen. „Es waren sehr eindringliche und tiefgehende Glaubensgespräche", fasst sie eine charismatische Meditationstagung zusammen. „Und ich war tief bedrückt, weil ich mich wieder nicht verständlich ausdrücken konnte. Mein Bekenntnis zur vollkommenen Freiheit erregte Kopfschütteln; konsequente Vergebungsbereitschaft (aktiv und passiv!) wurde als Verharmlosung der Sünde oder mangelnde Respektierung der Heiligkeit Gottes aufgefasst." „Vielleicht soll ich wirklich noch weniger reden", überlegt sie ein um das andere Mal. Aber sie kann es nicht lassen. Sie würde sich selbst verbiegen dadurch.

Alheide kennt den verschiedenen christlichen Gruppierungen gegenüber keine Berührungsängste. Sie engagiert sich in sehr unterschiedlichen Kreisen, die zum Teil möglichst wenig miteinander zu tun haben wollen. Sie unterstützt dort jeweils, was sie für sinnvoll hält, aber sie eckt auch an, weil sie Einseitigkeiten wahrnimmt und anspricht. „Sie wollten mich trösten, aber es war wirklich der Geist Gottes, der mich tröstete", notiert sie nach dem Besuch einer Gebetsgruppe, der sie sich mit ihren Sorgen anvertraut hatte. Diese Aussage ist typisch für Alheides spirituelle Erfahrung. Immer wieder unterscheidet sich das, was sie in der Gemeinschaft mit anderen Christen empfängt, markant von dem, was die Andern in der Gruppe denken und erleben.

Manchmal reagiert sie mit Wut, Verzweiflung und Niedergeschlagenheit auf das Verhalten ihrer Mitchristen, weil sie empfindet, dass es zutiefst dem Geist der Freiheit und Liebe widerspricht. Beides, das Anderssein und der Widerspruch, führt bisweilen zu schmerzhaften Missverständnissen, Unterstellungen und Feindseligkeiten.

Verzagtheit

Johann Sebastian Bachs Kantate „Liebster Gott, wann werd ich
sterben?" inspiriert Alheide zu diesem Gedicht:

> Wie lange noch, Herr, soll ich leben?
> Ich habe genug vom Hiersein.
> Nichts ist mir gültig gelungen.
> Nimm mich doch wieder zu dir,
> wie es der Menschen Bestimmung,
> wenn sie ihr Leben bestanden,
> wieder zu Erde zu werden,
> wieder zum Ursprung zurück.
>
> Laß mich nicht lange mehr warten,
> Herr, setz dem Hiersein ein Ende;
> laß es nicht Qual sein; erbarm dich
> meiner und auch meines Volks.

„Heute ist Albrecht 27 Jahre tot", schreibt Alheide am 1. Juni
1993 in ihr Tagebuch. „Ich wäre so gerne da, wo er ist, aber ich
bin bereit hier zu bleiben, so lange der Herr mich hier braucht."
Seit Albrechts Tod sehnt sie sich danach, ihm folgen zu dürfen.
Als ein befreundeter Pfarrer plötzlich stirbt, empfindet sie Mitgefühl für seine Frau, aber auch „brennenden Neid": „Warum wird
dieser Mensch vorzeitig begnadigt und ich nicht?" Sie weiß aber,
dass sie den Zeitpunkt nicht selbst zu bestimmen hat. So lange
sie noch im Diesseits bleiben soll, wird es auch für etwas gut sein.
Wenn Gott sie brauchen will, wird sie sich nicht verweigern. Es
tröstet sie ja auch, gebraucht zu werden, obwohl sie nicht immer
überzeugt davon ist. Sie hat ein starkes Bedürfnis nach Anerkennung. Aber zu oft wird sie enttäuscht, weil ihr Engagement und
ihre Dienstbereitschaft zu wenig Resonanz erfahren.

Diese Welt mit ihren himmelschreienden Ungerechtigkeiten immer weiter aushalten zu müssen und über so wenig Kraft zur Veränderung zu verfügen, fordert sehr viel Geduld von ihr. Sie fühlt sich angesichts des Wohlstands schuldig, denn sie lebt darin „wie die Made im Speck". Sie sieht Gelegenheiten, durch Stellungnahmen Einfluss zu nehmen, aber sie hält sich zurück: „Ich bin es so leid, zu reden, was keiner hören will!" Aber sie kommt sich dann auch feige vor.

„Ich versuche mit aller Kraft, der Resignation zu widerstehen. Ich bitte unaufhörlich Gott, Seine Herrlichkeit und Seine Gerechtigkeit sehen zu lassen, aber Seine Pläne sind wohl andere." Alheide zweifelt, ob sie Gottes Reden überhaupt richtig versteht. „Herr, bitte: Wie soll ich denn unterscheiden, was dein Wille ist und was mein Wille ist? Herr, hilf mir."

In der GGE hat Alheide tröstliche und beglückende spirituelle Erfahrungen gemacht. Aber ihr großer Wunsch, dass ihre Ehe geheilt werden möge, ging nicht in Erfüllung. Als sie in einem Seelsorgebuch liest, dass „ein Mangel von Zuwendung bei Menschen die Illusion von Gottesbegegnung hervorrufen kann", durchfährt es sie: „Das wäre entsetzlich, das würde bedeuten, dass ich geisteskrank bin." Sie überlässt es Gott, ob etwas Wahres daran ist, aber der Gedanke beunruhigt sie doch.

Sehr zu schaffen machen Alheide die negativen Reaktionen, die sie bisweilen auf ihr Verhalten erhält. Sie wirke arrogant und besserwisserisch und lasse die Andern nicht zu Wort kommen. Sie sei nicht wahrhaftig. Sie gebe damit an, von Gott beauftragt zu sein und tue so, als ob Andere, die nicht so vollmundig davon sprächen, es nicht seien. Obwohl sie auch sehr positive Rückmeldungen erhält, obwohl deutlich wird, dass die Kritiker ihre eigenen Probleme auf sie projizieren und obwohl manche Behauptungen einfach falsch sind, erschüttert sie das sehr.

Nicht zuletzt leidet Alheide darunter, dass die Kritik nicht kons-
truktiv ist. Man scheint über sie zu reden, aber man spricht sie
nicht direkt an. Wenn es dann doch einmal geschieht, ist es sehr
emotional, verletzt und verletzend, und doch auch ohne präzise
Nachvollziehbarkeit. Sie kann nur raten, worum genau es geht.
Selbstzweifel beschleichen sie und nehmen sie in Beschlag. „Herr,
zeig mir, was ich falsch mache. Ich möchte dein Spiegel sein, rei-
nige mich von allem, was dich verdunkelt. Mach mich leer von
mir und fülle mich ganz mit dir."

Solche Vorwürfe seien die Bestätigung dafür, „wie wenig Friede
von mir ausgeht, wie wenig es mir möglich ist, das Licht aus-
zustrahlen, das doch in mir ist", hält sie 2001 in ihrem Tagebuch fest. „Aber eben so verdunkelt, so matt. Das bedrückt mich
sehr." Sie betet: „In mir ist Chaos und Dunkelheit. Und ich weiß
doch von Ordnung und Licht. Lass mich nicht los, mein Herr und
mein Gott!" Alheide geht auf die 80 zu und ist im Begriff, die
Verantwortung für das große Werk, das sie in den vergangenen
zwei Jahrzehnten aufbauen durfte, in andere Hände zu legen. In
dieser Phase des Übergangs regen sich wieder starke Selbstzweifel in ihr. „Manchmal ist diese Spannung fast nicht zu ertragen",
schreibt sie im Jahr 2000. „Das tiefe persönliche Geborgensein in
Christus und diese Ratlosigkeit, was Er denn von mir erwartet. Es
läuft so vieles schief. Und ich kann mich (auch unter Christen) so
schwer verständlich machen – es kommt vieles von dem, was ich
zu erklären versuche, so falsch an, dass ich wirklich am liebsten
meine Hand auf meinen Mund legte und schweigend abwartete."
„Was ist mit mir geschehen?" fragt sie ein paar Wochen später.
Der Zweifel scheint übermächtig zu werden: „Es kann doch nicht
alles, was ich erlebt habe, Trugschluss und falsch gewesen sein!
Aber ich habe mich selbst und mein Verhalten seit Jahrzehnten
falsch eingeschätzt." Das sei ihr in den letzten Wochen ganz klar
geworden. „Ich war nicht der Mensch des Friedens, für den ich
mich hielt – und das erklärt auch diese rat- und hilflose Frage,
warum ich nie imstande war, andere Menschen anzustecken, mit

dem Feuer, das in mir selber brannte. Ich bin wie Petrus übers Wasser gegangen, immer meinen Herrn Jesus Christus im Blick, und wusste es nicht. Nun bin ich eingesunken, schwimme um mein Leben, *weiß*, dass er mich herausziehen wird, aber spüre es nicht! Spüre nur Dunkelheit, Ratlosigkeit, rabenschwarze Traurigkeit, und *weiß* doch, dass hinter den Wolken die Sonne ist."

Als sie die Verantwortung für ihre große Aufgabe abgeben darf und bald darauf auch ihr Mann stirbt, empfindet sie beides als große Entlastung und schließt daraus, dass ihr Auftrag für dieses Leben nun auch beendet sei. „Jeden Abend und jeden Morgen betete ich nun und wartete auf die Erlaubnis zur Heimkehr. Aber die blieb mir verwehrt!" Sie ist fixiert auf diese Erwartung und zieht sich zurück. „Die Jahre gingen dahin und ich schien im Strom der Zeit zu versinken, mal untergehend, mal auftauchend." Das Gefühl des Untergehens in diesen Jahren war schwere Depression. Zwar hat sie den Fehler des vorzeitigen Rückzugs erkannt, aber das Auf und Ab setzt sich fort. Mehr und mehr spielt die zunehmend eingeschränkte Gesundheit eine Rolle dabei. Ihr Bewegungsradius ist sehr reduziert. Sie ist auf fremde Hilfe angewiesen. Sie kann in vielem nicht mehr, wie sie will, und fürchtet sich vor Überforderungen. „Wie ich damit umgehen soll, dass mir fast das Vertrauen verloren ging (ich fühlte mich zeitweise so absolut elend)," schreibt Alheide nach einer neuen depressiven Episode in ihr Tagebuch, „das weiß ich noch nicht. Jetzt ist alles wieder gut zwischen Ihm und mir, dafür bin ich sehr dankbar."

Alheides Wunsch zu sterben ist weder lebensfeindlich noch selbstmörderisch. Für sie steht er nicht in Widerspruch zu tiefer Dankbarkeit. Zwar ist auch schwere Traurigkeit darin, aber die treibende Kraft des Wunsches ist die Sehnsucht. Vor allem ist es das starke Verlangen, wieder mit Albrecht vereint zu sein.

Albrecht.
Hinter dem Leben
gibt es ein anderes Leben,
das nur den nicht erschüttert,
der es leugnet – doch tief,
tief und vom Grunde her tröstet
den erschütterten Menschen
jenes grundlose Leben:
Herkunft und Zukunft der Welt.

Dieses „andere Leben", die „Anderwelt", ist das eigentliche, ewige Leben, das ihr geliebtes Kind schon erreicht hat. Dorthin zieht es sie mit Macht. Darum hat der Tod für sie persönlich allen Schrecken verloren:

Ist seine Kraft einmal gebrochen und verzehrt –
dem Menschen ist Unendlichkeit verwehrt –
begreift er: Zeit bringt Tod, und Tod bringt Segen
dem, der ihn annimmt. Nicht dem, der dagegen.
Da unsre Lebensschuld uns abgenommen wird
und sogar dem, der lebenslang geirrt –
wie kann der Tod ein Feind des Menschen sein?
Durch ihn gehts aus der Zeit du
in den Frieden ein.

Im dunklen Jahrzehnt zwischen 2002 und 2012 hat sich dann aber Alheides Selbstzweifel mit der Sehnsucht verbunden und sie depressiv werden lassen. Dennoch erfuhr sie gerade in dieser Zeit die spirituelle Kraft der Geborgenheit und des Gehaltenseins auf besonders intensive Weise. Die rettende Hand, die den sinkenden Petrus bewahrte, ließ sie nicht los, und zu Gottes Antwort auf ihre nagenden Selbstzweifel hielt sie am Ende des dunklen Tals fest: „Er ja nie 'geschimpft', das tat ich selber, und Er hat mich immer getröstet: 'Es ist alles gut zwischen dir und mir.'".

III. Erfüllung

Ich denke Tieferes nun als Gedanken.
So lange war ich ganz in mich gebannt
und konnte nichts von meiner Welt verstehen;
und eines Tages hoben sich die Schranken
und etwas griff nach meiner leeren Hand
und füllte sie. Was ist mir mir geschehen?

Des nachts erfüllen mich nicht Dunkelheiten
und tags bedrohen mich nicht Ängste mehr.
Sie sind noch da, doch können sie nicht schrecken.
Ein großes Licht beginnt sich auszubreiten
und eine Kraft erfüllt mich mehr und mehr
und hilft mir, was ich tun soll, zu entdecken.

90. Geburtstag im Kreis ihrer Kinder

Hochgerissen und gehalten

Die Berührung
Wenn Du mich anrührst,
so überflutet mich die Kraft,
aus der ich lebe – ich erkenne Dich!
Der alte Körper ist mir
nicht mehr so zuwider.
Der Geist kommt zur Ruhe.
Die Seele atmet auf
und schwingt in Dir!

Vor allem ihre späten Lebensjahre nach 2012 sind durch die ständige Polarität von tiefem Schmerz und großer Dankbarkeit gekennzeichnet. „Der Alltag ist sehr anstrengend aber immer geschützt, und die Traurigkeit ist oft sehr tief, aber immer geborgen." Einerseits empfindet sie ohnmächtige Hilflosigkeit, anderseits auch ein zuverlässiges Gehaltensein, beides geradezu als Dauerzustand, der sich ihr zeitlich aber doch als das Auf und Ab andauernden Wechsels vergegenwärtigt. Wie der sinkende Petrus ist Alheide bewusst, dass sie aus eigener Kraft weder über die Wellen hinweg schreiten noch sich schwimmend zum Ufer durchkämpfen kann, zugleich weiß sie aber auch wie dieser, dass sie gar nicht untergehen kann, weil immer diese rettende Hand da ist, die sie davor bewahrt. „Versunken im Leid – dann wieder emporgerissen", so beschreibt sie diese Erfahrung. „Ich bin oft so verstört und orientierungslos und ratlos, aber immer fühle ich mich angesehen und beschützt. Das ist schön." Aber der Wellengang setzt ihr zu: „Schmerzhaft ist immer wieder der Wechsel."

„Ich hänge durch und Gott fängt mich auf", konstatierte sie schon 20 Jahren zuvor. „Oder wie soll ich das verstehen? Ehe der Schmerz unerträglich wird, geschieht etwas." Das Auf und Ab der Wellen ist ihr allzu vertraut, sie hat es gründlich satt. Emporgerissen zu werden allein ist darum durchaus kein Trost für Alheide;

sie kann auch „Aufscheuchen" dazu sagen. Sie kämpft um den Sieg der Dankbarkeit: „Warum ist nur alles so schwer? Ich sollte und müsste *nur* dankbar sein." Aber sie erkennt im Festgehaltensein auch die Verpflichtung „zum Weiterleben in Seinem Dienst", dessen Sinn sie um so mehr in Frage stellt, als die körperlichen Kräfte abnehmen und ihr Handlungsspielraum enger wird. *Darf* sie noch weiter leben oder *muss* sie? Warum kommen täglich diese neuen Wellen? „Ja, ich werde weitergeführt (geschleppt?) auf der Achterbahn der Gefühle, überflutet von der schmerzhaften Traurigkeit und emporgerissen zu Seinem Dienst mit tiefem Trost – so viel Liebe zwischen 'Erbarme Dich' und 'Danke'!" Aber dass so oft und so bald darauf wieder das Absinken folgt, verlangt sehr viel Geduld von ihr. „Warum ist nur alles so schwer! So viel Gutes und Tröstendes geschieht mir in allem Elend, aber es bleibt nicht." Wie ein Stückchen Schokolade zerschmilzt es auf der Zunge, was bleibt, ist nur ein wenig Nachgeschmack.

Wenn es ihr auch oft so vorkommt, als wäre es viel besser, endlich einmal ganz versinken zu können, kann sie dennoch nicht restlos daran glauben. Darum kommt auch der Suizid für sie nicht in Frage, obwohl sie anderen Menschen, die allzu Schweres zu leiden haben, diesen Ausweg durchaus zugesteht. Doch ihr eigener Ausweg ist es nicht, denn die Hand, von der sie gehalten wird, nötigt sie nicht nur zum Weiterleben, sondern ihr fester Griff bleibt nie ohne überzeugend tröstende Zuwendung. Das ist für sie die verlässliche Gegenwärtigkeit der „Anderwelt", die dem „Emporgerissensein" zum Weiterleben immer neuen Sinn verleiht. Nur darum verschließt sie sich dem Anspruch nicht. Oft weiß sie gar nicht, wozu der nächste mühevolle Schritt noch gut sein soll, aber sie willigt ein, weil sie dem Tröster vertraut. Dann kann sie den geschenkten Trost mit Händen greifen und ist voller Dank und Freude. Und dann findet sie auch wieder Mut für eben diesen nächsten Schritt. Die Hand, von der sie festgehalten wird, ist gut und tut ihr gut. Die Stimme aus der Anderwelt, aus der die Hand sie fasst, ist liebevoll. Der Gute Hirte spricht und sie hört deutlich, was er sagt: „Fürchte dich nicht. Überlasse mir alle deine Sorgen. Vertraue nur!"

Als ihr 90. Geburtstag naht, hofft sie leise, er möge zur Trauerfeier werden, aber als ihr klar wird, dass sie wohl noch zu gesund dafür ist, rafft sie sich wieder auf, findet ein Ja dazu und erfährt erneuten Trost. Zum Tröstlichsten ihres Lebens zählt die Familie. Dieser Trost ist anders als das Stückchen Schokolade, denn er ist beständig. In ihrer Großfamilie ist sie keine Außenseiterin, im Gegenteil. Das Verhältnis zu den Kindern und Kindeskindern ist von Vertrauen und Zuneigung bestimmt. Sie zehrt von vielen schönen Erinnerungen. Insbesondere bei Familienfeiern wie den Geburtstagen wird ihr viel Liebe und Respekt zuteil. Das genießt Alheide sehr. Aber durch die eingeschränkte Mobilität im hohen Alter ist sie meist nicht nur viele Stunden am Tag allein, sondern sie empfindet diese Zeiten auch mehr denn je als Last. Sie werden ihr lang. Dann droht sie wieder in Depression zu versinken. Um so stärker leuchten dann dann aber immer Trost und Dankbarkeit auf, wenn jemand nach ihr schaut und Zeit mit ihr verbringt. So schwer das Leben für sie ist – vereinsamt ist sie nicht.

Nicht nur die Familie kümmert sich um sie, so gut sie kann, sondern auch einige Freunde und Bekannte, die den Kontakt mit ihr pflegen, weil sie ihnen wichtig ist. Für Alheide sind das die „Glanzlichter" des Alltags. Das nimmt sie alles dankbar aus der Hand des Trösters. Aber auch in den Stunden des Alleinseins erreicht sie der Trost aus der „Anderwelt", indem sie immer wieder sehr beglückend und meist in äußerlich ganz unscheinbaren Ereignissen die besondere Nähe Gottes empfindet. Wenn sie es beschreiben soll, fehlen ihr die Worte. Sie kann es nur andeuten, indem sie es als „unmittelbare und unvermittelbare *Berührung*" beschreibt.

Die vielen Stunden des Alleinseins sind weniger Alheides Problem. Not macht ihr die scheinbare Sinnlosigkeit. Je geringer des körperlichen Alterns wegen ihre Möglichkeiten sind, sich schöpferisch zu betätigen, desto stärker drängt sich ihr die Frage auf, welchen Sinn ihr Dasein überhaupt noch haben soll. Um so tröstlicher sind ihr die Momente, in denen aufleuchtet, dass sie doch noch gebraucht wird: „Das tut auch gut: der Gedanke: *Er braucht mich.* Dafür strenge ich mich gern immer wieder an", notiert sie als 91jährige. Dann fällt es ihr bedeutend leichter, darauf zu vertrauen, dass Gottes Kraft wirklich in dem Schwachen mächtig ist.

„Wozu werde ich gebraucht?" Diese Frage treibt sie schon seit jeher um. In ihrer Jugend war sie überzeugt, für Volk und Führer gebraucht zu werden. Als ihr die Augen dafür aufgegangen waren, dass sie sich dem falschen Geist unterworfen hatte, stellte sich ihr die Frage drängend neu. Die neun Kinder, die sie zur Welt brachte, waren eine deutliche Antwort, die sie auch dankbar als solche verstand, als Berufung und Beruf. Darin fand sie sehr viel Erfüllung. Ihr waches Gewissen sah sich aber auch berufen, mit Wort und Tat für Frieden und Gerechtigkeit zu kämpfen. Hierfür gebraucht zu werden war ihre tiefste Sehnsucht.

Alheide war durch den christlichen Glauben geprägt und hatte darin nach dem Zusammenbruch neuen Trost und neue Hoffnung gefunden. Darum war es selbstverständlich für sie, sich nun auch in die Gemeinschaft der Christen zu stellen und von dort aus den Einsatz für Frieden und Gerechtigkeit zu gestalten. Es wurde ein langer Weg, auf dem sie sehr viel Enttäuschung, aber auch ihr tiefstes Glück erfuhr.

Wer sucht, soll finden

Und ich sage euch auch: Bittet, so wird euch gegeben; suchet, so werdet ihr finden; klopfet an, so wird euch aufgetan. Denn wer da bittet, der empfängt; und wer da sucht, der findet; und wer da anklopft, dem wird aufgetan.

Lukas 11,9–10

Wenn Gott nicht ist,
von Menschen nur erdacht,
gibts keine Rettung
vor der Menschen Macht.

Wenn Gott wohl ist,
doch fern und unbekannt,
hält, wer die Macht hat,
alles in der Hand.

Doch wenn man Jesus glaubt,
dass Gott uns kennt,
dass er sogar
in Lieb und Mitleid brennt

und darum Rettung bietet jedermann
und dass er, weil er Gott ist, retten kann,

wird man gelassener entgegenschauen
dem Kommenden.
Dann siegt ja nicht das Grauen.

Dieses Gedicht hat Alheide als 36jährige Mutter von sieben Kindern verfasst. Das steht in Spannung zu dem kritischen Urteil über ihre spirituelle Entwicklung, das sie mehr als 25 Jahre später fällte: „Mein Leben habe ich bis zum 60. Lebensjahr als Normalchrist zugebracht. Darunter verstehe ich, daß ich glaubte, was die Bibel lehrt, es für zutreffend hielt, ohne daß das aber in meinem Leben sehr viel bedeutet hätte. Denn eine persönliche Beziehung zu Jesus Christus hatte ich nicht; ich wußte gar nicht genau, was das ist". Grund für diese harsche Bewertung ist die beglückende Erfahrung, die sie 1982 im Rahmen der GGE machte. Ihr war, als hätte sich ihrem Christsein dadurch eine ganz neue, ungleich reichere spirituelle Dimension erschlossen. Ihr vorheriges Glaubensleben erschien ihr im Vergleich dazu armselig: Früher war alles dunkel und kalt, jetzt schien die Sonne und es war wunderbar warm. Diese Wärme, schreibt sie nun, „hat mich nicht wieder verlassen, sie ist da auf all den neuen und für eine alte Frau manchmal etwas sonderbaren Wegen, die ich nun gehe, immer unter der Führung meines Befreiers und im unbedingten Vertrauen auf seine Begleitung. Das will ich nie mehr verlieren; das ist mir jetzt wichtiger als alles andere; und nur das eine ist mir auch noch sehr wichtig: so viel wie möglich davon weiterzugeben an andere Menschen, die ebenso frieren, wie ich früher fror. Wenn das möglich ist, dann bin ich hier sehr glücklich."

Es scheint, als würde die charismatisch inspirierte Alheide mit diesem Urteil ihrer spirituellen Vorgängerin nicht wirklich gerecht. Deren Weg war nicht nur Suchen, sondern auch Finden, und waren die Funde auch im Vergleich zu den neuen Erfahrungen eher unscheinbar, so gingen daraus doch die größten Wirkungen hervor. Schon in Obernkirchen und vielleicht bereits zuvor hatte sich ihr die Einsicht, dass es im christlichen Glauben um nichts als die Liebe geht, tief eingeprägt, und ihre Anstrengungen, Christentum und Herrenmenschentum zu vereinen, konnten diesen Keim authentischen Glaubens nur mit einer Betonschicht überdecken, nicht aber töten. Als der Beton durch die Erschütterung des Zusammenbruchs aufriss, drängte der Keim des Glaubens durch und musste sich zum Baum auswachsen. Zwar wurden die nächsten Jahrzehnte sehr stark vom Familienleben dominiert, aber ihr Alltag war vom starken Wunsch durchdrungen, als Christ zu leben und dem Frieden zu dienen. Andererseits entpuppte sich auch die neue geistliche Existenz nach der charismatischen Erfahrung keineswegs als eitel Sonnenschein. So wohl ihr vieles tat, was sie mit Charismatikern erlebte, so fremd konnte sie sich auch dort fühlen. Alheide war nicht vom kaum bis gar nicht erleuchteten „Normalchristen" durch „Geistestaufe" zum Superchristen mutiert, sondern sie hatte in der Begegnung mit der charismatischen Bewegung eine spirituelle Schlüsselerfahrung erlebt und manche Anreicherung ihres ganz eigenen Glaubensverständnisses gewonnen. Die Originalität und damit auch die Authentizität dieser Vorgänge erweist sich gerade darin, dass sich sie sich durchaus nicht von der charismatischen Bewegung vereinnahmen ließ, sondern hier wie auch in den anderen christlichen Kreisen ihres Engagement stets eine „Gegenschwimmerin" blieb, wie sie selbst zu sich sagte; nicht aus Prinzip oder Trotz, sondern der Berufung wegen, mutig den eigenen Weg zu gehen, statt uniform und konform nur mitzuschwimmen, wie man dem Diktat der Gruppe nach zu schwimmen hat, mit dem Gewinn der Sicherzeit des Dazugehörens, aber um den Preis, keinen Boden unter den Füßen zu gewinnen, weil man das Ufer der Erfüllung in der Verwirklichung der persönlichen Berufung nicht erreicht.

Alheide suchte zunächst dort, wo sie sich schon befand: In ihrer Kirche. Dort enttäuschte sie manches. Als sie mit dem dreijährigen Ulrich das erste mal einen Gottesdienst besuchte, meinte dieser, Predigt und Lieder seien nicht gerade schön gewesen. Kindermund tut Wahrheit kund. „Ich teilte seine Meinung durchaus," schrieb sie danach ins Tagebuch, „die Predigt war trostlos öd und nichtssagend, und alles macht so einen richtig ausgefahrenen toten Eindruck. Ich gehe so bald nicht wieder hin, zumal es wirklich mit Schwierigkeiten verbunden ist." Sie ging trotzdem wieder hin, aber dieser Eindruck war symptomatisch; es sollten ihm noch viele traurige Bestätigungen folgen.

Anders ging es ihr mit einzelnen pietistischen Christen, die sich um sie bemühten, um sie für ihre Gruppen zu gewinnen. Immerhin waren Menschen dabei, mit denen sie ernsthaft über Glaubensdinge sprechen konnte, und ihre persönliche Gottesbeziehung beeindruckte Alheide. Wenn auch enge theologische Auffassungen und der dadurch eingeschränkte Horizont die Gemeinsamkeit behinderten, ging sie respektvoll mit solchen Mitchristen um, lernte gern von ihnen, betonte das Verbindende und ließ sich auch von ihnen in den Dienst nehmen. Daraus erwuchs letztendlich ihre langjährige Mitarbeit im seelsorgerischen Besuchsdienst des pietistisch geprägten Diakonissenkrankenhauses im benachbarten Karlsruher Ortsteil Rüppurr.

Anders ging es ihr auch mit der kirchlichen Friedensbewegung. Mit großem Interesse verfolgte sie die Auseinandersetzung um die Wiederaufrüstung der Bundesrepublik und nahm Partei für die pazifistische Position des evangelischen Theologen Martin Niemöller, der sie entschieden ablehnte. Die engagierte Beteiligung an der Friedensbewegung bildete seither in krassem Gegensatz zu ihren Ansichten bis 1945 einen wichtigen Bestandteil ihrer christlichen Existenz. Ein Kerngedanke dieser neuen Einstellung wurde der Anspruch, dass die humanen Grundwerte des Christentums auch und gerade Anspruch auf die Politik erheben. Alheide entwickelte eine hoch kritischen Sensibilität für politische Machenschaften, die sich christlich gebärden, in Wirklichkeit aber antisozial und imperialistisch verhalten. Damit wiederum konnten ihre pietistischen und charismatischen Freunde wenig anfangen.

Schon in den ersten Jahren nach dem Krieg empfand Alheide sehr deutlich den Unterschied zwischen der spirituellen Leblosigkeit, mit der sie zu oft in der Amtskirche konfrontiert war, und der Attraktivität authentischen Glaubens. Ihr wurde deutlich, dass die spirituelle Dynamik des Christentums, wie sie es kennen gelernt hatte, weniger bei den kirchlichen Amtsträgern als bei hingebungsvollen „Laien" zu finden war und dass deren Engagement von jenen oft eher mit Skepsis betrachtet und behindert wurde als begrüßt und gefördert.

Eine tief bewegende spirituelle Erfahrung und große Ermutigung, sich dennoch mit dieser ihrer Kirche zu identifizieren, wird ihr die Teilnahme am Stuttgarter Evangelischen Kirchentag unter dem Motto „Wählt das Leben" im Jahr 1952. „Es war bis zum letzten Tag restlos erfreulich für uns", notiert sie im Anschluss, noch schöner wäre es aber gewesen, wenn Emil mitgekommen wäre. Bezeichnend ist die Antwort, die Alheide während der Veranstaltung auf das Thema gibt.

Ihr Quartier ist die schlichte Wohnung einer Witwe, deren Mann nicht aus dem Krieg zurückgekommen war. Als sie auf dem Weg dorthin ist, sieht ein Passant, dass sie sich suchend orientiert, während sie auf ihre Freundin wartet, und bietet seine Hilfe an. „Ich erklärte ihm, dass ich noch warten müsse und dachte: Du könntest der Pfarrer dieser Gemeinde sein. Er fragte nach meinem Quartier, ich nannte den Namen. Er sah mich an, schien etwas sagen zu wollen, verabschiedete sich aber dann mit freundlichen Wünschen. Ich sah ihm nach und dachte: Du hast was gegen diese Leute." So war es auch. Als sie den Pfarrer erwähnte, begann die Gastgeberin zu erzählen: „Der Mann vermisst, der Sohn in der Lehre, und dieser Pfarrer war nach ihrer Schilderung ein Kirchherr ohne Verständnis für die Nöte und Sorgen der kleinen Leute. Sie hatte mit ihm einen Krach, als ihr Sohn im Konfirmantenunterricht war, und seitdem könne sie nicht mehr zum Abendmahl gehen bei ihm, das sei ihr sehr schmerzlich. Er habe es sicher noch gar nicht bemerkt." Am Sonntag besucht Alheide den Gottesdienst in dieser Gemeinde. Zwei andere Pfarrer halten ihn. Danach geht sie in die Sakristei, wozu sie sich legitimiert weiß, weil offiziell zur Seelsorge eingeladen wurde. Sie spricht das Problem ihrer Gastgeberin an. Einer der beiden Pfarrer fügt sich ihrer Hartnäckigkeit und schlägt vor, mit ihr gleich zu jenem andern Pfarrer zu gehen. Sie suchen ihn auf und Alheide teilt ihr Anliegen mit. Er geht auf sie ein und verspricht, sich um das Gemeindeglied zu kümmern.

Alheide hat auch die Sorge um jene Not leidende alleinerziehende Annette mit nach Stuttgart genommen, deren „Balg" zur Pflege aufzunehmen Emil sich verweigert hatte. Als jemand die Bühne bei einer Großveranstaltung vor Tausenden von Teilnehmern dazu nutzt, um Geld für ein soziales Hilfsprojekt zu sammeln, kommt ihr der Gedanke, sich auch für Annettes Unterstützung das Mikrofon zu erbitten. Aber sie wagt es nicht vor dieser großen Menschenmenge; sie ist sich nicht sicher genug.

Es ist für Alheide selbstverständlich, nicht nur Christ zu heißen, sondern auch ihr Christsein zu praktizieren. Dabei geht es für sie immer konkret darum, das Leben zu wählen, besonders dort, wo die Zerstörung des Lebens droht. Diese Überzeugung hat Alheide schon hierher mitgebracht, und sie wird darin bestätigt und ermutigt. Besonders stark geschieht das bei der Abschlussfeier. „Dieser Gottesdienst war nun wirklich anders als er allsonntäglich in allen Kirchen des Landes stattfindet", hält Alheide in ihrem langen Bericht über den Kirchentag fest. Als Bischof Hanns Lilje, damaliger Ratsvorsitzender der Evangelischen Kirche in Deutschland, in der Predigt „jeden einzelnen der mehr als Hunderttausend" fragt, „ob er das Leben gewählt habe" und jedem klar macht, „dass diese Entscheidung notwendig sei in der unter dem Fluch der Fried- und Lieblosigkeit stöhnenden Welt", stellt sich ihr nicht die Frage, ob sie sich dazu bekennen soll oder nicht, weil sie sich ohnehin mit ganzem Herzen damit identifiziert. Sie empfindet deutlich, dass sie sich damit nicht nur zum Menschen, sondern auch zu Gott bekennt. „Es war zu spüren, dass nicht ein Mensch namens Lilje so fragte, sondern Gott durch ihn. Und seine Behauptung, niemand sei zufällig hierher gekommen, wo jeder so eben vor Gottes Angesicht stehe, glaubte man ihm."

Aber zuhause wartet der Alltag wieder auf sie. Der Kirchentag klingt nach und wirkt fort in ihr, doch Emil teilt nicht, was ihr Herz bewegt, und das kirchliche Leben ihrer Umgebung bleibt, wie es ist. Ihr Durst nach dem Leben, das sie wählte, ist und bleibt sehr stark. Nach Albrechts Tod erst recht. Sie hat gefunden und sucht doch noch immer weiter nach dem großen, einzig wahren Trost.

Der Schatz im Acker

Das Himmelreich gleicht einem Schatz, verborgen im Acker, den ein Mensch fand und verbarg; und in seiner Freude geht er hin und verkauft alles, was er hat, und kauft den Acker.

Matthäus 13,44

Die Schmerzen sind es nicht,
die mich verstören.
Sie sind erträglich und vielleicht
der Krankheit bester Teil,
denn sie bedeuten etwas,
warnen mich und beugen
dem Raubbau vor,
dem ich mich überlasse.

Die Schmerzen sind es nicht.
Was mich verstörte
bis in die Tiefe, wo das Leben wurzelt,
und der Schmerz wie eine Ratte
an den Wurzeln nagt:
dass niemand die Schmerzen weiß,
und niemand will sie wissen.

Wer legt die Hand auf meinen Schmerz
und bittet mit mir und für mich
um Erleichterung, um Heilung,
auch um Erlösung von der Last des Leibes,
wer bricht die Einsamkeit
und geht ein Stück mit mir!

Ich schreie, Herr.
Und weil mein Schrei nicht laut wird,
bist du der einzige, der hören kann,
und wenn du mich nicht hörst,
und wenn mein Schreien ohne Antwort bleibt,
zerbricht die Form, zerreißt der Faden,
stockt der Schmerz.

Als 1980 das letzte Kind das elterliche Haus verlässt, will Alheide sich auch von Emil trennen. Ihr Plan sieht vor, dass eine Haushälterin sie ersetzen soll. Sie möchte in ihre norddeutsche Heimat zurückkehren und dort ein neues Leben beginnen. Ihr schwebt ein Theologiestudium vor. Aber daraus wird nichts.

1981 nimmt Alheide im fränkischen Franziskanerkloster Vierzehnheiligen an einer Veranstaltung der GGE mit dem katholischen US-amerikanischen Heilungsprediger Francis McNutt teil. Die ökumenische Geistliche Erneuerungs-Bewegung in den Großkirchen hatte sich, angeregt von entsprechenden Aufbrüchen in den USA, von den 60er Jahren an in Deutschland herausgebildet und zwei Jahre zuvor als Verein mit dem Ziel der charismatischen Reformierung der Kirchen etabliert. Manches sprach Alheide sehr an, aber manches befremdete sie auch. Ihre Skepsis hatte aber deutlich nachgelassen, als sich ein Karlsruher Ehepaar aus der GGE mit ihr anfreundete und persönlich um sie kümmerte. Weil sie Schmerzen im Knie hat, nimmt sie in Vierzehnheiligen das Angebot der Handauflegung in Anspruch. Die Schmerzen verschwinden sofort und kehren in den nächsten Monaten nicht mehr zurück. Außerdem erhält sie beim Segnungsgottesdienst als Antwort auf ihren Gebetswunsch, „dass Gott wegnehmen soll, was zwischen ihm und mir ist, oder aber mich zurücknehmen soll, weil ich so nicht leben will", „eine eindringliche Zusage, dass Gott mich liebt. Das musste ich glauben", erinnert sie sich, als sie ihre neuen spirituellen Erlebnisse zusammenfasst.

„Aber die Konsequenzen daraus waren mir sehr unklar, ich war verzagt und ratlos."

Das Karlsruher Ehepaar begleitet sie seelsorgerlich und sie ist dankbar dafür, aber wirklich verstanden fühlt sie sich nicht. „Sie gingen von falschen Vorraussetzungen aus", reflektiert Alheide im Jahr danach. Offenbar waren sie der Meinung, sie habe sich noch nicht entschieden genug bekehrt. Bei einem charismatischen Gottesdienst, den sie mit ihrer Karlsruher Freundin besuchte, „drängte sie mich mein Leben Jesus zu übergeben, und ich tat es auch", berichtet Alheide. Sie tat es, obwohl sie es zuvor schon zweimal getan hatte. Das erste Mal sei 1945 gewesen, aber „ohne Zeugen", das zweite Mal „ganz spontan und formlos auf der Plattform des Albtalbähnchens", mit einer pietistischen Freundin als Zeugin. Aber „beides war so lange her und erschien mir so folgenlos und unergiebig!" Alheide traut ihren eigenen Entscheidungen nicht und verlangt nach einer unmissverständlich starken Bestätigung durch Gott selbst. „Aber auch diesmal änderte sich nichts und ich versank immer tiefer in die Traurigkeit darüber, dass 'der Gott in meinem Busen nach außen nichts bewegen kann'."[3]

Was macht Alheide so zu schaffen? Vor allem ist es der starke Eindruck, nicht gebraucht zu werden. Man könnte sich darüber wundern, wenn man sich vor Augen hält, wie viel sie in den vergangenen 35 Jahren für andere Menschen getan hat, insbesondere für ihre Kinder. Aber der Mensch, dessen Anerkennung sie dafür am meisten benötigt hätte, gab sie ihr nicht, und nun, da alle Kinder aus dem Haus waren, stellte sich die Frage der Berufung ganz neu. Sie hätte niemals behauptet, dass ihr Leben als Mutter keine Berufung gewesen sei – ganz im Gegenteil! Sie hatte darin wirklich Erfüllung gefunden. Aber sie spürte, dass es auch noch eine andere Berufung für sie geben musste, die Verwirklichung

---

[3] Aus Goethes „Faust".

ihres ganz eigenen Charismas, die persönliche Platzzuweisung im universalen Werk der Welterneuerung, die der christliche Glaube „das Kommen des Reiches Gottes" nennt. Diese Sehnsucht ist es, was sie jetzt mit Macht bewegt. „Mein Gebet, recht monoton, war immer wieder: Herr brauch mich wie du willst, aber brauch mich – oder nimm mich zurück, wenn du mich nicht brauchen kannst zu deinem Dienst."

Erneut findet sie sich zu einem Kongress der GGE ein. Erneut gibt sie ihr Leben „ausdrücklich in Gottes Hände (was ich gar nicht so nötig fand, denn ich dachte, da ist es doch längst – ließ mich aber überzeugen)." Erneut fühlt sich zunächst nicht wohl an diesem Ort: „Ich kam mir fremd vor und fand mich schwer zurecht". Dieses Mal ist Kim Catherine-Marie Kollins, wie McNutt eine führende Protagonistin der katholischen GGE, als Hauptrednerin geladen. „Kim Kollins machte mir großen Eindruck", bezeugt Alheide, „aber umso mehr empfand ich meine Unbrauchbarkeit." Als die Bühne Teilnehmern überlassen wird, die von ihren spirituellen Erfahrungen erzählen wollen, kommt ihr die Idee, ein Gedicht zu rezitieren, das sie über Albrechts Tod geschrieben hatte. Sie kann es auswendig. Aber der Einfall, „das Gedicht hier als 'Zeugnis' zu präsentieren," erscheint ihr „geradezu obszön, indezent, exhibitionistisch und auch anmaßend. Wollte ich unbedingt angeben? Ich war so verzagt, dass ich am liebsten gestorben wäre." Sie beobachtet die Referentin und ihre Mitarbeiter und weiß: „die sind auch nicht besser als ich, aber die sind Auserwählte und ich nicht. Warum, warum, warum!"

„Ich bitte um den Heiligen Geist, weil ich ihn brauche", sagt sie der Rednerin beim Segnungsgottesdienst. Die legt ihr die Hände auf, sagt ein Sprachengebet und lädt Alheide ein, es nachzusprechen. Es gelingt ihr nicht. Eine Helferin versucht es noch einmal mit ihr. „Aber ich brachte nichts anderes heraus als Jesu Namen und sah mir dabei zu und fand mich ganz unmöglich. Ich wurde gesegnet und empfand dabei nur Zorn und Trauer!" Alheide lässt nicht ab. Sie fragt Kim Kollins, warum die „Taufe mit dem Heiligen Geist" bei ihr nicht funktioniere. Das Zeichen des „Zungenredens" sei nicht unbedingt erforderlich dazu, bekommt sie zur Antwort. Sie brauche keine Angst zu haben: Zweifellos sei ihr Gebet erhört. Sie würde ihre Gabe schon empfangen.

Alheide resigniert. „Ich spürte die Kraft in Kim, die manche umwarf, aber mich warf sie nicht um, so sehr mich danach verlangte. Ich hätte umfallen mögen und nie wieder aufstehen, aber ich setzte mich brav auf meinen Platz. Schließlich stimmte ich auch wieder in die Lieder ein und dachte: das war's also."

Ein weiterer Gottesdienst folgt, wieder mit der Einladung, „Zeugnis zu geben". Wieder spürt Alheide den starken Impuls, ihr Gedicht vorzutragen. „Ich dachte, ich spinne. Ich wollte einfach nicht." Da zitiert ein Moderator unversehens den Bibelvers aus dem Römerbrief, über den der Pfarrer bei Albrechts Trauerfeier gesprochen hatte: „Leben wir, so leben wir dem Herrn, sterben wir, so sterben wir dem Herrn. Darum: wir leben oder sterben, so sind wir des Herrn." Das löst den Widerstand. Alheide steht auf und wird nach vorn gerufen. Ihr ist, als wäre sie in Trance. „Man gab mir ein Mikrofon und ich sagte, es sei jetzt 15 Jahre her, da musste ich den Tod eines Kindes erleben, eines 14jährigen Sohnes, der mir ausdrücklich erklärt hatte, er wolle nicht nur mein Sohn, sondern auch mein Freund sein." Nun sprudelt es aus ihr heraus: „Diesen Alltag zu bewältigen, fraß mich völlig auf, ich kam kaum zur Besinnung. Ich war in dieser Situation nicht in den äußerlichen Dingen, wohl aber seelisch sehr allein – musste ich doch versuchen, den kleinen Geschwistern Trost, den größeren und ihrem Vater so etwas wie Halt oder Erklärung zu vermitteln – ich hatte als einzige in der Familie einen Rückhalt an Gott, und keinen geistlichen Zuspruch, der wirklich geholfen hätte. Und da hat sich der Heilige Geist meiner angenommen. Damals hatte ich die Gewohnheit, Dinge oder Gedanken, die mich quälten, in Verse zu fassen, um sie zu bewältigen." Die folgenden

Verse habe ihr aber der Heilige Geist unmittelbar geschenkt, um ihr beizustehen. „Es hat mich damals tief getröstet, hat mich durch mein Leben begleitet und gestärkt, und heute soll ich es weitergeben." Danach rezitiert sie das Gedicht:

Als Gott ihn wieder zu sich nahm

Ich frage Gott: Was schicktest du
dies unser Kind auf Erden
und nahmst ihn wieder, ehe er
erwachsen konnte werden?

Er war so jung. Wir liebten ihn.
Haben wir ihn verloren?
War's unsre Schuld? War's seine?
Wär' er besser nie geboren?

Gott spricht: Er starb zur rechten Zeit.
Ich schickte ihn auf Erden
und gab ihm Zeit genug, um reif
für meinen Dienst zu werden.

Er liebte und er litt. Was mehr
bedarf ein Mensch zum Reifen?
Die heiß're Flamme schneller zehrt
und stirbt. Ihr müsst's begreifen.

Wir beugen uns dem, was gescheh'n
und falten unsere Hände:
Wo du auch bist, ich hab dich lieb.
Gott segne dich ohn' Ende.

Zurück auf ihrem Sitzplatz überfällt sie eine Gallenkolik. Sie bittet ihren Karlsruher Freund, der hinter ihr sitzt, mit ihr hinauszugehen. Sie beten miteinander und der Schmerz verlässt sie.

„Als ich wieder auf meinem Platz saß, sah ich die beiden Altarkerzen. Die rechte brannte groß und ruhig und die linke war ein winziger Punkt, weil der Docht viel zu kurz war. Ich dachte, so wie links bin ich und so wie rechts möchte ich aber werden. Den ganzen Gottesdienst über sah ich diese Kerzen an, und die linke wuchs langsam, und zum Schluss waren beide gleich groß und hell und ruhig. Das war eins der schönsten Dinge, die ich je in meinem Leben erlebt habe."

Nach dem Gottesdienst kommen einige Teilnehmer auf sie zu. „Das hast du für mich sprechen müssen", sagen mehrere. Darunter ist ein Ehepaar, „das sehr verzweifelt war und nun aber sein totes Kind Gott überlassen konnte."

„Gott hatte mich wirklich als sein Werkzeug gebraucht! Es war mir zumute, als müsste ich nie in meinem Leben mehr traurig sein, als wäre ich aus der Höhle herausgeführt worden und müsste nie mehr dorthin zurück."

Das ist Alheides tiefste Erfüllung: Gebraucht zu werden mit ihren besten Gaben. Das hat sie gerade eindrücklich überzeugend erlebt. Ein Gedicht musste es sein. Alheide ist eine Dichterin. Sprachlich auszuformen, was sie bewegt, erfährt sie als beständigen inneren Drang. Wenn sie den Eindruck hat, nicht in Worte fassen zu können, was ihr am Herzen liegt, fühlt sie sich einsam und leidet. Aber sie wurde nicht dazu ermutigt, eine Dichterin zu sein. Apoll umwarb sie, aber wie Kassandra konnte sie nicht mit ganzer Hingabe darauf eingehen. Ihr großes Talent wurde nie genügend ernst genommen und gefördert. Darum verfasste sie nur wenig Gedichte und Prosatexte im Lauf ihres Lebens. Ihr fehlte die Übung. Trotzdem hat sie einige echte Perlen hervorgebracht, die von ihrer hohen Begabung zeugen.

Wahre Kunst ist immer prophetische Kunst: Der Maler schaut, was Andere nicht sehen, und gibt ihm auf der Leinwand Gestalt, damit auch ihnen die Augen dafür geöffnet werden. Der Musiker hört, was Andere nicht hören, und formt es in neuer musikalischer Gestalt, damit auch sie davon inspiriert werden. Der Dichter gibt dem Geschauten und Gehörten Worte.

Doch in der charismatischen Bewegung befasste man sich wenig mit den „natürlichen Gaben", um so mehr aber mit den so genannten „Geistesgaben". Im Neuen Testament gibt es davon einige Auflistungen. Als Zeichen für die „Taufe mit dem Heiligen Geist" sah man es an, danach mit mindestens einer dieser Gaben beschenkt zu sein. Als Dichterin ist Alheide auch Seherin: Sie schaut, was Andern verborgen ist, und muss ihm Worte geben. Die Seherin passt zum charismatischen Gabenkatalog, die Dichterin nicht. Alheide glaubt, die Gabe der Prophetie empfangen zu haben. Das ist nicht falsch, aber Seherin war sie schon vor jener Handauflegung. Was sie jetzt so tief beglückt und sich im Symbol der langsam aufscheinenden Kerze zu eigen macht, ist kein Bekehrungsakt und keine Ausstattung mit übernatürlicher Einsicht oder Kraft, auch nicht der Empfang einer besonderen „Gnadengabe", sondern einfach das Empfinden, nun endlich von Gott selbst als dichtende Seherin und sehende Dichterin *bestätigt* und in den Dienst genommen zu sein.

Der führerzentrierte Gleichschaltungsapparat des Naziregimes ließ es nicht zu, dass sich das schöne Pflänzchen ihrer Gabe in der nötigen Freiheit zum Baum auswuchs. Dann folgte die Familienzeit, die sie sehr erfüllte, aber auch in tiefstes Leid führte. An Albrecht nahm sie wahr, dass er ähnlich tief empfand und auch nicht entfalten konnte, was in ihm angelegt war. Darum fühlte sie sich ihm besonders stark verbunden. „Ein Vogel im Netz hat die nutzlosen Flügel zusammengelegt." Dieses Schicksal einte sie.

Nach diesen Erfahrungen in der GGE fühlt sich Alheide zunächst sehr befreit und gestärkt. Sie achtet mehr denn je auf die Hinweise der Nähe Gottes, erfährt sie auch in vielen Fügungen des

Alltags und ist vom Wunsch beseelt, andere daran teilhaben zu lassen. Sie hofft, dass auch Emil sich darauf einlässt, manche Zeichen deuten darauf hin. Auch dass sie gebraucht wird, bestätigt sich: Sie ist willkommen im Besuchsdienstteam des Diakonissenkrankenhauses und glücklich, wie schnell sich ihre anfängliche Befürchtung, damit überfordert zu sein, aufgelöst hat.

Aber es schieben sich auch immer wieder hässliche Wolken vor die Sonne. Emil verschließt sich wieder, nachdem er anfänglich ein gewisses Interesse für das neue Glück seiner Frau zeigte. Die amtskirchlichen Gottesdienste erscheinen ihr öder denn je. Als sie sich zur GGE bekennt, reagiert man distanziert. Auch bei den Pietisten im Besuchsdienst stößt ihre Begeisterung auf beträchtliche Skepsis. Nicht nur die Schmerzen im Knie kehren zurück, sondern auch „der seelische Schmerz, der mich ab und zu überfällt, als ob ich dazu verdammt wäre, alles Schöne nur als Oberfläche und darunter das ganze Elend dieser Welt wahrzunehmen". Als sie von Asylanten in Not erfährt, betet Alheide: „Herr, warum weckst du in mir diese brennende 'Sympathie', wenn du mir keinen Weg zum Helfen zeigst? Ist denn der Schmerz an sich auch schon ein Wert?" Sie wehrt sich tapfer gegen die Vereinnahmung durch den Schmerz und gibt ihn immer wieder „dahin wo er hingehört; in Jesu Hände." Er muss aber auch immer wieder zurückkehren, denn er ist Teil ihrer prophetischen Berufung.

Zunächst überwiegen Glück, Begeisterung und Zuversicht. Es finden sich auch Menschen, die ihre neue Freude teilen. Wo sie kann, berichtet sie davon. Aber wenn ihre Botschaft von den Andern nicht so aufgenommen wird, wie sie gemeint ist, kommen auch die alten Zweifel wieder: „Ich komme mir wieder so unmöglich und unbrauchbar vor", vertraut sie nach dem gescheiterten Versuch, einer depressiven Bekannten seelsorgerlich zu helfen, ihrem Tagebuch an. Sie ist sich selbst ein Rätsel: „Warum bin ich nicht froh und dankbar, vor welchem Hindernis scheue ich denn?" Dann aber fühlt sie sich auch wieder ganz geborgen.

Doch dieses Auf und Ab der Erfahrungen, der Wechsel zwischen Sonne und Wolken, bedeutet nicht, dass letztendlich doch wieder alles so wird wie zuvor. Alheides Sohn Konrad lebt als Entwicklungshelfer in Nicaragua. Sie ist eingeladen, ihn zu besuchen. Das Ende des Jahres 1982 ist von der Vorbereitung auf die große Reise geprägt, im Januar 1983 fliegt sie hin. Sie ahnt noch nicht, was daraus wird: Nicht nur das größte Abenteuer ihres Lebens, sondern auch das größte Glück und die tiefste Erfüllung.

Fernstenliebe

„Ich kann kaum sagen, worin wohl meine Ansicht abweicht von dem, was in der Bibel steht – in der Hauptsache ist es wohl die Ablehnung des 'Liebet Eure Feinde'."

Alheide am 11.11.1944 an ihre Mutter

Alheide hat früh verstanden, dass es im Kern des Christentums ausschließlich um die Verwirklichung der Liebe in der Welt geht. Das Verführerische der NS-Ideologie in dieser Hinsicht, das sie wie sehr viele andere Christen jener Zeit veranlasste, sich von der Lehre des „Deutschchristentums" überzeugen zu lassen, war die rassistische Interpretation dieses Kernmotivs. Rassismus bedeutet, die Liebens-Würdigkeit der Menschen aufgrund ihrer ethnischen Zugehörigkeit in Abstufungen zu bemessen. Je weniger eine Ethnie der Liebe wert zu sein scheint, desto weniger gilt das Leben ihrer Glieder. Unter dieser Voraussetzung stehen selbstverständlich Gruppen, denen man nicht nur Minderwertigkeit, sondern auch pauschale Boshaftigkeit zuschreibt, in der Rangordnung am tiefsten. Daraus leitet man das Recht ab, sie als Ungeziefer zu bezeichnen und entsprechend zu behandeln. Der Begriff „Nächstenliebe" wird buchstäblich genommen. Liebenswert sind vor allem die Deutschen, und je reiner sie das „deutsche Wesen" zu verkörpern scheinen, desto mehr. So gesehen scheint es ganz natürlich, die „Nächsten" zu lieben und die „Feinde" zu hassen. Als Feinde gelten vor allem die als ethnisch minderwertig Definierten, denen mithilfe des probaten Propagandainstruments der Verschwörungstheorien zugleich ein kollektiver unbelehrbarer und unbekehrbarer Trieb zum Bösen angedichtet wird.

Alheides spirituelle Entwicklung nach 1945 verläuft sehr deutlich in der Gegenrichtung. Letztlich führt sie das weit weg von den einst angebeteten nächsten deutschen Edelmenschen zu echten „Fernsten", um gerade ihnen in hingebungsvoller Liebe zu dienen. Schon die erste Reise nach Nicaragua steht unter diesem Stern. Alheide weiß zwar noch gar nicht, was dort auf sie zukommt, aber sie reist mit der starken Erwartung, dass der Geist der Liebe, der ihr bestätigt hat, gebraucht zu werden, und verheißen, den glimmenden Docht ihrer spirituellen Wirksamkeit zur hellen Flamme werden zu lassen, ihr deutlich zeigen wird, wozu es gut sein soll.

2013, im Alter von 91 Jahren, schreibt Alheide einen Leserbrief für die Zeitschrift „Publik-Forum", die einen Artikel zum Thema „Provozierende Feindesliebe" veröffentlicht hatte, über den sie sich sehr freute. Sie wolle ihn mit zwei Beispielen einer solchen Haltung ergänzen. Sie weist darauf hin, dass im Jahr 1946 Friedrich von Bodelschwingh, Leiter der Betheler Anstalten, Frau und Tochter Heinrich Himmlers aufgenommen hat, der sich seiner Verhaftung durch Selbstmord entzogen hatte.[4] „Und im Jahr 1980 hat in Nicaragua der grade zur Macht gekommene Innenminister Tomás Borge seinem Folterer in einer Weise verziehen, die wirklich bewundernswert war und beispielhaft wirken sollte." Dahinter verbirgt sich Folgendes: Drei Jahre vor Alheides erster Nicaraguareise hatte die „Frente Sandinista de Liberación Nacional" (FSLN), die „Sandinistische Nationale Befreiungsfront", der jahrzehntelangen Diktatur, die Nicaragua gnadenlos ausgepresst und eingeschüchtert hatte, ein Ende bereitet. Borge war einer der Mitbegründer der FSLN. Der Geheimdienst des bis dahin regierenden Somoza-Clans hatte mit Unterstützung der CIA bru-

---

[4] Es schien als erwiesen, dass Margarete Himmler die zentrale Verantwortung, die ihr Mann für den Holocaust hatte, verborgen geblieben war. 1948 wurde sie „entnazifiziert". Sie lebte bis 1954 in den Betheler Anstalten, konnte dort in der Spinnerei arbeiten und bekam einen bescheidenen Unterhalt. Bodelschwingh, der sie im ersten Jahr seiner Leitung des Werks aufgenommen hatte und dafür auch kritisiert wurde, schrieb nach dem Auszug: „Eine erbauliche Geschichte ist [...] nicht daraus entstanden, indem die Frau Himmler in absoluter Verblendung verharrte, bis sie uns ohne Dank verließ und zu ihren inzwischen wieder auf die Beine gekommenen braunen Spießgesellen abgewandert ist. Auch dies kann uns in keiner Weise beeindrucken, denn wir gehorchen ja nicht dem Befehl Jesu, um hernach irgendwelche frommen Erfolgsgeschichten erzählen zu können."

tale Gewalt gegen Dissidenten ausgeübt. Borge war nun selbst als Innenminister für die Staatssicherheit zuständig. Offenbar war er entschlossen, den ehemaligen Peinigern, die nun selbst im Gefängnis saßen, nicht Gleiches mit Gleichem zu vergelten. Es wird berichtet, dass er seinen eigenen Folterern Angesicht zu Angesicht gegenüber trat und sagte: „Ich werde mich an euch rächen: Meine Rache wird sein, dass eure Kinder im neuen Nicaragua lesen und schreiben lernen werden."

Auf ihrer zweiten Nicaraguareise im Jahr 1985 ist Alheide Borge selbst bei einem Gottesdienst begegnet.[5] „Wir finden die Kirche, die proppenvoll ist, sogar mit Fernsehen", erzählt sie in ihrem Reisetagebuch. „Kein Wunder: Tomás Borge erscheint, stürmisch beklatscht von der Menge und vom Priester umarmt, ein Kindchen an der Hand." Es wird eine Messe für einen Sandinisten gefeiert, der beim Kampf gegen die „Contras", die nun ihrerseits die neuen sandinistischen Machthaber bekriegen, gefallen ist. Nach der Kommunion geht Alheide auf Borge zu, um ihn anzusprechen: „Der Friede Gottes ..." beginnt sie in noch schwerfälligem Spanisch. Er steht auf und fasst ihre Hände. "... er sei mit Ihnen und mit Ihrem Land", fährt sie stockend fort. Er nickt ihr freundlich zu und bedankt sich auf Englisch. Alheide empfindet, dass dieser Friede jetzt wirklich gegenwärtig ist.

Die ersten drei Viertel des 20. Jahrhunderts wurde die Politik Nicaraguas massiv durch kolonialistische und imperialistische Interessen US-Amerikas bestimmt. Anlässlich einer Staatskrise landeten 1926 die US-amerikanischen Marines in Nicaragua, zum zweiten Mal nach ähnlichem Anlass im Jahr 1912. Das liberale und das konservative Lager Nicaraguas stritten in einem Bürgerkrieg um die Macht. Die US-Amerikaner erwirkten schließlich

---

[5] Borge starb im Jahr 2012. Er spielte noch lange Zeit, auch in den späteren Regierungsperioden unter Präsident Ortega, eine wichtige Rolle im politischen Leben Nicaraguas. Er wurde auch als Schriftsteller bekannt.

die Entwaffung der Liberalen, als Ausgleich dafür setzten sie aber den liberalen General Moncado anstelle seines Vorgängers, des ergeben loyalen Díaz, in das Präsidentenamt ein. Moncados bisheriger liberaler Mitstreiter, General Augusto Cèsar Sandino, widersetzte sich dem Kompromiss und inszenierte mit einigen tausend Kämpfern einen Guerillakrieg gegen die Besatzer. Nachfolger Moncados wurde 1933 der dritte Kopf der liberalen Bewegung namens Sacasca. Die Marines verließen das Land, die US-Regierung nötigte Sacasca aber, ihren Vertrauten Anastasio Somoza García als Kommandeur der Nationalgarde einzusetzen, die sie selbst während der Besatzungszeit aufgebaut hatte, um auch nach dem Abzug der eigenen Soldaten dort ihre Macht zu sichern. Sacasca rehabilitierte Sandino, dessen Guerillaarmee die Waffen niederlegte. Er lud den alten Kampfgenossen und seine Offiziere zu einem Bankett in die Hauptstadt Managua ein. Somoza nutzte die Gelegenheit, um die Gäste ermorden zu lassen.

Sacasca konnte sich gegen Somoza Garzía nicht durchsetzen, der mit Hilfe der Nationalgarde seinen Machtbereich immer weiter ausbaute. Widerstand ließ er blutig niederschlagen. 1936 verdrängte er Sacasca aus dem Amt und regierte selbst mit drei Jahren Unterbrechung von 1937 bis 1956 als Diktator mit bester Beziehung zur CIA. Die Herrschaft über Nicaragua blieb auch anschließend in Somoza-Hand, weil seine Söhne Luis und Anastasio Somoza Debayle die Diktatur des Vaters bis 1979 fortsetzten, stets in engem Loyalitätsverhältnis zu den USA, mit brutalsten Methoden der Unterdrückung und einer extremen oligarchischen Ausbeutungspolitik.

Gegen diese untragbaren Zustände formierte sich in Gestalt der FSLN organisierter Widerstand. Mit ihrer Bezeichnung wollte die Bewegung nicht nur an den Freiheitskämpfer Sandino erinnern, sondern sie knüpfte auch unmittelbar nach der langen und schrecklichen Zeit der Dikatur historisch bei ihm an. Begreiflicherweise orientierte sie sich an sozialistischen Idealen. Da sie sich gegen den US-amerikanischen Imperialismus in Nicaruaga wehrte und sich, ebenfalls begreiflich, dazu mit ähnlichen Kräften im übrigen Lateinamerika solidarisierte und von diesen Unterstützung erfuhr, geriet sie politisch wiederum begreiflicherweise in die Nähe des doktrinären Staatskommunismus in Europa und Asien, der ähnlich wie in Kuba seine eigenen imperialistischen Machtinteressen verfolgte. Den USA waren diese Ambitionen der willkommene Rechtfertigungsgrund, sehr tatkräftig den Krieg der menschenverachtenden Diktatur gegen die Sandinisten zu unterstützen.

Aber der Sandismus passte nicht in dieses Schema. Er distanzierte sich nicht nur von der Diktatur im eigenen Land, sondern auch von von den totalitären Regierungsformen des Kommunismus. Er wollte ein demokratisches System sozialer Gerechtigkeit errichten. Im Unterschied zum totalitären Kommunismus erschloss er sich, wie das Beispiel Borges zeigt, dafür die Quellen des christlichen Glaubens. Alheide verstand, dass der Sandinismus eine spirituell inspirierte Bewegung mit großem Rückhalt in den Kirchen Nicaraguas und engem Bezug zur Lehre der Bibel war. Aus dieser Einsicht ergab sich ihr neuer Auftrag, sich für die Ärmsten der Armen in diesem Land persönlich zu engagieren.

Die Kerze leuchtet auf

Das geknickte Rohr wird er nicht zerbrechen, und den glimmenden Docht wird er nicht auslöschen.

Jesaja, 42,3

Bereits auf der ersten Nicaraguareise im Januar 1983 entstehen Kontakte zu dortigen Kirchengemeinden. Sie beginnen damit, dass Alheide eingeladen wird, bei einem Gottesdienst ein Grußwort zu sagen. Sie begegnet einer „sicht- und hörbaren 'Freude im Herrn'" und wird herzlich aufgenommen, was ihr nach vielen enttäuschenden Erfahrungen in deutschen Kirchen besonders wohl tut. „Nach der Kirche drücken uns viele Leute die Hand, einige umarmen mich." Schon dieser erste Gottesdienstbesuch erweckt in Alheide das starke Bedürfnis nach intensiverer Gemeinschaft mit den einheimischen Christen: „Warum kann ich bloß kein Spanisch und wieso habe ich bloß keine Bibel mitgenommen!" Sie betet, dass Gott sie leiten möge. Ihre Schwiegertochter besorgt ihr eine Bibel und dolmetscht ihr erstes Gespräch mit mit einem Pastor. Dabei entsteht in Alheide der Eindruck, dass sich die Fragen, die sie ihm zunächst stellte, in eine Botschaft verwandeln, die Gott durch sie den Christen in Nicaragua vermitteln möchte. Diese Wahrnehmung wird sie in den kommenden Jahren immer wieder sehr beschäftigen und dazu veranlassen, entsprechende Briefe an Verantwortliche der dortigen Kirchen zu schreiben. Einerseits fühlt sie sich gedrängt und berufen dazu, andererseits ist sie beunruhigt: Kommt das wirklich von Gott oder ist sie es selbst, „die sich da anmaßend in die Gewissen anderer Christen einmischt? Aber was ist, wenn ich die Botschaft zurückhalte? Darf ich das denn? Kann ich es überhaupt?"

„Die ganze Reise stand für mich unter dem Motto: Gott wird zu der Verheißung stehen: 'Fülle des Lebens für jeden'", schreibt Alheide, als sie wieder zu Hause ist. Sie ist sehr dankbar und er-

mutigt. Nicaragua bleibt nun auch in Deutschland „ihr" Thema.
Sie berichtet in verschiedenen Kreisen über die Erfahrungen der
Reise und erntet viel Interesse. Und sie sammelt auch schon erste Spenden für den Dienst der Christen in Nicaragua. Alheide ist
beflügelt: „Die Tage vergehen so schnell – randvoll mit Erlebnis-
sen und immer mit dem Wissen um Gottes Führung. Was habe
ich es gut! Wie kann ich danken!" In den verschiedenen kirchlichen Kreisen, für die sie sich engagiert, macht sie nun auch
deutlich mehr erfreuliche Erfahrungen. Wahrscheinlich liegt es
daran, dass sie sich mit „ihrem" Thema „Nicaragua" weniger als
Außenseiterin fühlt und auch von den Andern mehr interessierte
Aufmerksamkeit erhält.

Im August 1983 nimmt Alheide wieder an einem Kongress der
GGE teil und wieder erlebt sie dort etwas Merkwürdiges. Mitten
in die erhebende Stimmung des gemeinsamen Lobpreises hinein
zitiert eine Teilnehmerin einen prophetischen Bibelvers: „Euer
Lobgesang klingt hohl in meinen Ohren." Der Moderator findet
das unpassend und übergeht den Beitrag. Alheide erschrickt:
„Darf er denn das? dachte ich. Während der Eucharistie wurde ich
dann so niedergedrückt – wirklich todtraurig – ich sah uns 'Erlös-
te' und sah die Welt in ihrem Elend, dieser Gegensatz". Wieder
spürt sie den starken Impuls, handeln zu sollen: den Moderator
aufzusuchen und ihn zu bitten, jenen Beitrag ernst zu nehmen.
Sie fasst den Mut und wirklich, er lässt sich von ihr korrigieren.
Als dann in einem Workshop des Kongresses den Teilnehmern
die Aufgabe gestellt wird, einen Psalm der Bibel in die heutige
Zeit zu transponieren, schreibt Alheide einen „Nica-Psalm", „der
natürlich als zu politisch zurückgewiesen wurde."

Alheide sieht sich weiterhin als Teil der Friedensbewegung und
wird Mitbegründerin des „Friedensforums Ethik" in der badi-
schen Landeskirche. Aber auch die Friedensbewegung betrachtet
sie mit den Augen der Seherin, die überall nach den Zeichen der
Liebe sucht und sich zum prophetischen Widerstand veranlasst

sieht, wenn sie stattdessen auf die Zeichen des Hasses stößt. Dann muss sie „vom Ernstnehmen (= Lieben) des Andersdenkenden" reden. „Warum das nur so schrecklich schwer zu verstehen und zu praktizieren ist?!" Sie distanziert sich von den Solidarisierungen mit dem aggressiven Staatskkommunismus, der so gar nicht Frieden sucht: „Es ist alles so kurzschlüssig und freilich auch ganz ohne Orientierung an den Geboten Gottes." Hingegen ist sie tief vom Pazifismus Mahatma Gandhis beeindruckt: „Der hatte seine klare Linie und ließ sich nicht irre machen. Aber wie hatte er auch zu leiden!"

Aus dem glimmenden Docht ist eine helle Flamme geworden. Alheides Herz brennt für Nicaragua. Kein Wunder, dass sie bereits 1985 wieder zu den neuen Freunden fliegt. Diese Reise wird entscheidend für ihre weitere Zukunft. Für diesen Flug schließt sich Alheide einer Solidaritätsgruppe der ökumenischen Inititiative „Frieden und Gerechtigkeit für Nicaragua" an, die sie im September auf dem Kirchentag in Düsseldorf kennen gelernt hatte.

Die zweite Reise

Nicaragua war nach der Machtübernahme durch die Sandinisten nicht zur Ruhe gekommen. Die Entmachteten sammelten sich 1981 zur Guerillabewegung der „Contras". Sie bestand zu einem wesentlichen Teil aus der ehemaligen Nationalgarde. 1982 beschloss der US-amerikanische Kongress ein Verbot jeglicher Unterstützung der „Contras". Präsident Ronald Reagan, seit einem Jahr im Amt, ignorierte den Beschluss und veranlasste die massive militärische und geheimdienstliche Unterstützung der „Contras". 1986 gelangten diese Maßnahmen an die Öffentlichkeit. Sie führten zu einer Regierungskrise in den USA und zur Verurteilung durch den Internationalen Gerichtshof in Den Haag. Den USA wurden Reparationszahlungen an Nicaragua auferlegt, aber die Reagan-Regierung verweigerte die Akzeptanz des Urteils. Das Vorgehen der „Contras" war äußerst brutal. Viele tausend Zivilisten wurden umgebracht. Das führte weltweit zu Solidaritätsinitiativen; vielfach gingen sie von Christen aus.

Erst 1990 fand der neue Bürgerkrieg ein Ende. Es wurden freie Neuwahlen durchgeführt. Als Sieger ging daraus nicht der Sandinistenführer Daniel Ortega hervor, der mit großer Mehrheit die ersten freien Wahlen nach der Somoza-Ära 1984 gewonnen und bis dato regiert hatte, sondern seine Kontrahentin Violeta Chamorro, Witwe des Verlegers Pedro Chamorro, der 1978 als Somoza-Kritiker ermordet wurde. Sie gehörte ursprünglich mit Ortega der fünfköpfigen sandinistischen Junta an, die 1979 die Regierungsgeschäfte übernommen hatte, verließ das Gremium aber bereits ein Jahr später, weil es ihr zu diktatorisch war, und wurde in den Folgejahren einflussreiche Protagonistin der demokratischen Opposition. Durch Chamorros Wahlsieg verloren nicht nur die Sandinisten die Macht, sondern auch die Contras ihren Rückhalt.

Die Gruppe reist in den Norden Nicaraguas in ein Barackendorf „namens Santa Cruz, das die vor den Contras flüchtenden Bauernfamilien auffing", wie Alheide berichtet. „Die anderen arbeiteten auf den Feldern mit, ich in der Küche, wir kochten für 250 Kinder." Schnell wird ihr klar, dass die Bedingungen nicht gerade optimal sind: „Es stellt sich heraus, dass sehr viel von uns erwartet wird, dass die Gruppe recht uneinh eitlich ist, dass ich nichts verstehe, dass keiner mir hilft." Es entspinnt sich ein Konflikt mit den anderen Gruppenmitgliedern, die mit Alheides spirituellen Beweggründen, Wünschen und Ansichten nichts anzufangen wissen und sich von ihr distanzieren. Alheide sieht sich beauftragt, inmitten der bewaffneten Sandinisten einen friedlichen Kampf des Betens zu führen. Sie weiß sich darin eins mit andern Christen, die sie hier kennenlernt: Pazifistische US-Amerikaner, die den Kurs der Reagan-Regierung sehr kritisch sehen, aber auch sowohl ihrer Herkunft als auch ihrer Friedlichkeit wegen von den sandinistischen Kämpfern etwas beargwöhnt werden. „Ob sie nicht am Ende mehr für dies arme gequälte Land bewirken können als alle Solidaritätsarbeit sonst, dass wage ich nicht zu entscheiden", überlegt Alheide. „Ich sehe jedenfalls meine Aufgabe darin, Menschen zu trösten und zu ermutigen, die es einfach nicht fassen können, dass ihr ohnehin so schweres Leben bedroht wird durch Terroristen, die eine Weltmacht gegen sie ausschickt – und das noch im Namen Gottes! Nur weil sie sich selber regieren und ihr ausgebeutetes Land selber aufbauen wollen."

Die Andern in der Gruppe teilen und verstehen Alheides Gebetszentrierung nicht, obwohl sie sich doch selbst auch zum christlichen Glauben bekennen und mit einem feierlichen Aussendungsgottesdienst auf die Reise geschickt worden waren. Sie ist enttäuscht, kapselt sich ein Stück weit ab und geht ihre eigenen Wege. Nach der schweren Arbeit in der Küche sitzt sie auf einer Bank vor dem Haus und wird sofort von vielen Kindern umringt. Sie singt mit ihnen, betet für sie und zeigt ihnen die Bilder in ihrer spanischen Bibel.

Als sich Alheide mit ihrer Gruppe ausspricht, bekommt sie harte Vorwürfe zu hören: Sie sei herrschsüchtig, moralisierend, ja sogar faschistisch. Das trifft sie schwer. „Aber ich weiß nicht, was ich falsch mache, ich weiß es einfach nicht." Man sagt es ihr auch nicht; die Anschuldigungen bleiben ohne Konkretion. Sie fühlt sich der Gruppe gegenüber hinfort als „totaler Außenseiter".

Alheide erkennt, dass den Andern vor allem ihre Frömmigkeit zu schaffen macht. Das kann sie einerseits verstehen, andererseits befremdet es sie auch: „Ich verstehe nur die Unlogik nicht, dass ihnen die Einheit von Glauben und Leben in der Dritten Welt ein Ideal, bei uns aber so tief verdächtig ist, dass allein die Erwähnung dieser Realität alle Rolläden heruntergehen lässt!"

Um so mehr freut sie sich über die freundlichen Begegnungen mit Einheimischen und deren spirituelle Offenheit. „Was da zurückkam an Dank, Zustimmung, liebevoller Freundlichkeit, das hat mich tief beglückt und von der Ablehnung der anderen ganz unabhängig gemacht." Auch in den verschiedenen Gottesdiensten, die sie gern besucht, spürt sie die geistliche Gemeinschaft. Trotz der Schwierigkeiten empfindet Alheide in diesen Tagen besonders deutlich, geborgen, geschützt und auf guten Wegen geführt zu werden. Wo sie nur kann, ergreift sie die Gelegenheit, Worte und Zeichen der Ermutigung und des Segens zu vermitteln. Als sie unterwegs ein paar Soldaten trifft, „fängt einer immer mit Reagan an. Ich sage, nicht Reagan sei Herr der Welt, sondern Gott. Er schaut etwas zweifelnd, drückt mir schließlich heftig die Hand." Mit ihrer Gruppe zusammen unterhält sie sich mit dem sandinistischen Sicherheitsbeauftragten für die Region, der auch für Entwickungsprojekte zuständig ist. „Solche Leute leben sehr gefährlich, sie werden bevorzugt ermordet. Er bezeichnet seine Arbeit als sehr schwer." Sie verabschiedet sich mit einem Segen für ihn und sein Land. Die Gruppe reagiert reserviert, aber der Gesprächspartner freut sich und sagt, „er glaube, dass Gottes Kraft und menschliche Kräfte zusammen arbeiten, wenn der Mensch an Gott glaubt. Die denkbar beste Antwort", findet Alheide.

„Wie kommt mir alles so fremd und so kalt vor!", betet Alheide, als sie Ende November wieder in Deutschland angekommen ist. „Ich glaube, ich möchte in Nicaragua leben. Aber nicht wie ich will, sondern wie Du willst, lieber Herr. Ich verlasse mich auf Dich." Der empfundene Kontrast ist gewaltig. Drei Wochen später fasst sie zusammen: „Nun bin ich zurück aus Nicaragua. Was ich dort erlebt habe, war das Tiefste und Höchste, was ich in meinem Leben bisher überhaupt erlebt habe." Dafür, dass Alheide hiermit nicht übertreibt, sprechen zwei spirituelle Schlüsselerfahrungen auf dieser Reise, mit denen sich die Tür zu der Aufgabe öffnet, die sie für die nächsten zwei Jahrzehnte ganz in Beschlag nehmen wird und die man ihrer Einzigartigkeit und Wirkung wegen mit gutem Grund als ihr Lebenswerk bezeichnen darf.

Fé y Esperanza

Von Santa Cruz aus ging Alheide mit einer Köchin auf den Markt. „Wir sahen dort einen kleinen nackten Jungen, der sich heulend gegen einen Mückenschwarm wehrte. Ich wollte ihm helfen, aber ich war wie erstarrt. Denn es war wie eine Aura um dieses Kind, ein Leuchten, das ich erkannte, und etwas sprach zu mir: 'Sieh hin, das bin Ich.' Und ich wusste, wer da sprach." Die Köchin kümmerte sich um den Kleinen, schimpfte seine Mutter und wunderte sich über Alheides merkwürdige Erschütterung. Die behielt ihr Erlebnis zunächst für sich und redete viele Jahre nicht öffentlich darüber. Es sollte sich zeigen, dass dies der initiale Impuls zu ihrem Dienst für die Ärmsten der Armen in Nicaragua war.

Nicaragua gilt heute als der zweitärmste Staat Lateinamerikas nach Haiti. Mehr die Hälfte der Bevölkerung lebt in extremer Armut. Außerordentlich viele Menschen sind arbeitslos. Einer der großen Erfolge der Sandinistenherrschaft, die signifikante Senkung der Analphaten von 50 Prozent auf 11 Prozent, ist versandet; die Ziffer stieg nach 1990 wieder auf etwa 30 Prozent. Die oligarchische Somoza-Diktatur hatte unsäglichen Reichtum aus dem Land gepresst und sogar Unsummen an Hilfsgeldern nach Naturkatastrophen für sich gehortet. Der sozialistischen nachrevolutionären sandinistischen Regierung gelang es nicht, einen nachhaltigen wirtschaftlichen Aufschwung in Gang zu bringen, und auch die Folgeregierungen vermochten es mit dem Alternativmodell der freien Marktwirtschaft nicht. Die Ärmsten der Armen sind die Kinder armer Eltern. UNICEF schätzt ihre Zahl auf mehr als 700.000. Diese Kinder sind zum Teil Tag und Nacht auf den Straßen der Hauptstadt Managua unterwegs, um etwas zu verkaufen. Andere leben von Bettelei und Diebstahl. Viele Mädchen werden schon bei Beginn der Pubertät zu Prostituierten. Skrupellos Drogenhändler sorgen dafür, dass ihnen genügend Kundschaft zur Verfügung steht, indem sie viele Kinder mit Crack und hochgiftigen Klebstoffdämpfen süchtig machen.

In Managua hat Alheide noch einen kleinen Dienst zu tun, der große Wirkungen haben wird. Sie soll dort einer Familie, mit der sich ihr Sohn Konrad angefreundet hatte, besuchen und Grüße überbringen. Der ist mittlerweile nach Deutschland zurückgekehrt. In ihrer Gastgeberin Sonia Carranza findet Alheide eine Christin, mit der sie sich auf Anhieb bestens versteht. Sonia, selbst Mutter von fünf Kindern, ist Grundschullehrerin. Sie kümmert sich in ihrem Wohnviertel um die vielen Kinder im Vorschulalter, die auf den Straßen herumstreifen und oft von sehr jungen, unerfahrenen Müttern mehr schlecht als recht versorgt werden. Sie träumt davon, für diese Kinder einen Kindergarten einzurichten. Alheide will es möglich machen. Sie verspricht, Sonias bisheriges Gehalt in Höhe von 200 DM zu übernehmen. Dafür solle Sonia sofort mit dem Kindergartenprojekt beginnen. Sonia spürt, wie ernst es Alheide damit ist, und vertraut.

Aus dem kleinen Anfang werden bis 1994 sechs Kindergärten mit Schulspeisung; 1992 kommt ein Zufluchtshaus für obdachlose drogengefährdete Kinder hinzu. Sonia wird von ihrem Mann Elias und ihrer Tochter Estrella unterstützt. Alheide baut in Deutschland einen Freundeskreis auf, um die Finanzierung zu sichern. Das Projekt erhält den Namen „Fé y Esperanza“: „Glaube und Hoffnung“. Für die Unterstützung gründet Alheide den Verein „Freundschaftsbrücke Nicaragua“.

Sonia und Alheide vertrauen darauf, dass ihre gemeinsame Arbeit von Gott gewollt ist und dass darum auch immer genügend Spendenaufkommen zur Verfügung stehen wird. Immer dann, wenn sich eine Erweiterung des Projekts anbahnt, ist Alheide vorsichtig, weil sie fürchtet, die Spenden könnten nachlassen. Aber Sonia ermutigt sie: „Gott lässt doch kein Werk im Stich, das er einmal angefangen hat!“ 15 Jahre danach stellt Alheide fest, dass Sonia recht behalten hat: Die Spenden ließen nicht nach, obwohl „Fé y Esperanza“ beständig wuchs. Weitere 15 Jahre später belief sich die Summe der seit der Gründung eingegangen Spenden auf 2,5 Millionen Euro.

2.800 Kindern wurde damit der Weg aus der Hoffnungslosigkeit der Armut gebahnt.

Die Freundschaftsbrücke entwickelte sich auch zu einer Art „Luftbrücke": Immer wieder kommen Freunde aus Nicaragua nach Deutschland, um den Kontakt lebendig zu halten und vom gemeinsamen Projekt zu berichten. Umgekehrt reisen immer wieder deutsche Freunde der Arbeit nach Nicaragua, um die Arbeit vor Ort kennen zu lernen. Alheide selbst pflegt den Kontakt intensiv und reist in den kommenden Jahren weitere acht Mal dorthin, stets mit vielen Geschenken und Geld im Gepäck. Sie pflegt Beziehungen zu Kirchen, Behörden und Privatpersonen. Sie greift ein, wo es nötig ist, arrangiert mit den Einheimischen zusammen neue Leitungs- und Organisationsstrukturen und besetzt Positionen neu, begleitet Mitarbeitende seelsorgerlich und geht gemeinsam mit den dortigen Verantwortlichen Konflikte an, die natürlich auch nicht ausbleiben. Es gibt Rückschlage, schwere Enttäuschungen und große Sorgen. Aber immer findet sich eine gute Lösung und der Weg wird wieder frei für neues Wachstum. Die Reisen strengen an, die klimatischen Verhältnisse, das Leben in sehr einfachen Verhältnissen, Krankheiten und die erfahrenen Konflikte fordern manchmal fast die letzten Kräfte. „Ich fühle mich ziemlich erschöpft und mag nicht mehr, aber wenn ich sie brauche, wird die Kraft schon da sein", schreibt sie beim vierten Mal. Der Satz ist durchaus symptomatisch. Sonia hat es immer schwerer: Einiges kommt zusammen, was sie sehr belastet. Alheide leidet mit. Sie fliegt hinüber und sucht nach Entlastung für ihre Freundin. Die Verantwortung kann neu verteilt werden. Alheide atmet auf.

Aber sie wird älter und die Anstrengungen werden größer. Als sie 1997 zur siebten Nicaraguareise aufbricht, 75jährig bereits, fangen ihre Freunde im Verein allmählich an, sich Sorgen um sie zu machen. Sie wollen ihre Alheide entlasten, aber sie wissen noch nicht wie. Die achte Reise zwei Jahre darauf steht im Zeichen schwerer Konflikte und Veruntreuungen in der Mitarbeiterschaft. Die Reise war „schön und anstrengend, hoffnungsvoll und deprimierend", resümiert Alheide in ihrem Jahresrückblick.

2001 kann Alheide ihre Funktion als Schatzmeisterin des Vereins abgeben, wofür sie sehr dankbar ist. Auch die Nicaraguareisen will sie jetzt bald sein lassen. „Nun starte ich zum neunten Besuch, sicher dem letzten", schreibt sie am ersten April, und es soll wohl kein Scherz damit gemeint sein. „Die Freundschaftsbrücke habe ich in Gottes Hände zurückgelegt mit sehr großer Dankbarkeit und voll Vertrauen." Die große Krise, Gegenstand der vergangenen Reise, ist überwunden. Die Reise geht gut und Alheide blickt zufrieden zurück: „Das Grundgefühl dieser zwei Wochen: Es ist alles sehr gut trotz einiger Schwächen und Mängel und offensichtlich von Gott begleitet und behütet. Ich bin überhaupt nicht traurig, dass ich mich zurückziehen muss, sondern sehr dankbar für die Entlastung."

Mit 81 fliegt Alheide zum zehnten Mal hinüber. Mittlerweile braucht sie auf den Flughäfen einen Rollstuhl. Die Flüge strengen sie besonders an, aber vor Ort lebt sie auf und ihre Beine tragen sie erstaunlich gut. Der Eindruck der Reise zuvor bestätigt sich: „Auch drüben läuft es gut bei allen Schwierigkeiten. Ich müsste wirklich nicht mehr nötig sein! Bin es auch wohl nicht." Doch sie kann es nicht lassen: Im Frühjahr 2011 verspricht sie, „noch einmal zu kommen, wenn es mir körperlich möglich ist und mich jemand begleitet." Sie ist 89. Die Begleitung findet sich. „Ich fühle mich so behütet und geleitet, dass ich mich fast nicht fürchte, obwohl mir alles zu viel wird. Ich überlasse mich der Führung ganz." Im November reist sie los. Sie kommt an ihre Grenze. „Ich fühle mich traurig, unfähig, erledigt. Ich würde so gern mit allem Schluss machen, darf aber noch nicht." Es fällt ihr schwer, den Unterhaltungen zu folgen. Dann wird sie krank. Sie fällt hin, als sie das Bett verlassen will. „'April und Mai und Junio sind ferne, ich bin nichts mehr, ich lebe nicht mehr gerne'. Wer schrieb das? Ich weiß es nicht, aber es trifft auf mich zu. Noch nie habe ich mich in Nicaragua so elend gefühlt wie diesmal. Da ist wohl ein Zauber verflogen." Alheide ist erschöpft. Sie kann und will nicht mehr. „Heute nacht haben mich die Mücken fast gefressen, ich musste schließlich eine Schmerztablette nehmen. Nein, es wird Zeit, dass ich dieses Land verlasse, wir mögen uns nicht mehr." Sie möchte nur noch zurück. Es ist gut und es reicht.

„Die Freundschaftsbrücke ist mein Lebensinhalt, sie steht so spürbar unter Gottes Segen und auch dort die Projekte; dass meine Kräfte nachlassen, macht mir nicht mehr Angst", schrieb sie schon vor drei Jahren. Dabei bleibt es auch. Sie hat nichts mehr hinzuzufügen und muss es auch nicht. Ihr Werk ist vollendet. Sie lässt es los, weil ihr Werk Seines ist.

Folgende Projekte werden heute durch die Freundschaftsbrücke gefördert:

▶ *Unterstützung von extrem armen Familien.* Sie erhalten 40 Euro monatlich. Gegenleistung der Familien: Sie sind verpflichtet, dafür ihre Kinder regelmäßig zur Schule zu schicken.

▶ *Drei Schulen mit Vorschule.* Dort werden etwa 600 Kinder bis zur sechsten Klasse unterricht und teilweise mit Essen versorgt. Auch Körperbehinderte können im Unterschied zu den staatlichen Schulen dort lernen und leben.

▶ *Das Zufluchthaus 'Puente de Amistad'.* Hier werden ungefähr 30 obdachlose, misshandelte und traumatisierte Kinder aufgenommen und ärztlich wie psychologisch versorgt.

▶ *Fahrradwerkstatt.* Transport von gebrauchten Fahrrädern nach Nicaragua, wo sie in guten Zustand versetzt und verkauft werden. Der Erlös fließt wiederum in die anderen Projekte.

Freundschaftsbrücke Nicaragua e.V.

Spendenkonto:
IBAN: DE94 6605 0101 0001 2416 29 BIC: KARSDE66
www.freundschaftsbruecke-nicaragua.de

FREUNDSCHAFTSBRÜCKE

NICARAGUA

Alheide mit nicaraguanischem Kind

Nachwort

Ein Buch über mein Leben zu verfassen wäre mir selbst nie in den Sinn gekommen, obwohl ich immer gern geschrieben habe: Geschichten, Gedichte, auch Erlebensberichte, was mir zu Klärung und Bewältigung verhalf. Ich bin aber ganz einverstanden damit, dass Hans-Arved Willberg nun aus den Tagebüchern, Briefen und Erinnerungen meine Lebensgeschichte erarbeitet hat. Dafür noch da zu sein sehe ich als Aufgabe meines hohen Alters, für die ich bei allem Schönen und Schweren doch immer wieder zu danken habe, wie überhaupt für dieses ganze vielfältige Leben – bei allem Heimweh.

Das Gefühl zu haben, nicht nur mit mir selbst allein zu sein, sondern einen Partner zu haben, mit dem ich Gedanken und Gefühle teilen konnte, ist eines der größten Geschenke meines Lebens. Das verband mich sehr stark mit meinem Bruder Geseko und später mit meinem Sohn Albrecht, der uns schon so früh verließ.

Wir beide

Mein kleiner Bruder warst du, und wir liebten
die gleichen Dinge, fürchteten das Gleiche.
Die Welt war ungeheuer, und wir hielten
uns an der Hand, das Zauberwort im Sinn.

Dann löste einer unsere Hände,
unwiderstehlich wie die Erdumdrehung,
wir glitten auseinander und verloren
das Zauberwort, dich holten Schatten ein.

Noch einmal hielten wir uns dann umschlungen.
Du drängtest an mich, wolltest mich nicht lassen,
die Schatten, sagtest Du, sind da und greifen –
doch wusste ich das Zauberwort nicht mehr.

Das Resümee dieses vielfältigen Lebens:

Jesus Christus ist für mich
- mein Freund und Bruder
- mein Arzt und Heiland
- mein Tröster und Helfer
- mein Herr und Führer
- die Kraft, aus der ich lebe!

Dieses alles ist ER für mich, jedes zu seiner Zeit und immer.

Ettlingen, im Januar 2017
Alheide Siess